KB274336

Real Change Leaders

# 맥킨지의 변혁프로젝트

# RCL

## 실행 WorkBook

Jon R. Katzenbach & the RCL Team 지음

김원중 · 이창원 · 전은실 옮김

한·언

KPI Publishing Co.

## 옮긴이 소개

### 김 원 중

한국외국어대학교 행정학사와 고려대학교 경영학 석사를 거쳐, 고려대학교 대학원에서 조직론을 전공으로 경영학 박사를 취득, 현재 한성대학교 경영학과 교수로 재직중이다. 한국인사관리학회 상임이사, 한국경영학회 운영위원, 한성대학교 사회산업연구소 소장 등을 역임하였다. 주요 저서와 연구물로는 〈임파워먼트의 이론적 조망〉, 〈노동소외에 관한 비판적 고찰〉, 〈노동소외에 관한 동기접근방법〉, 〈직무충실화방안으로서 상징관리에 관한 연구〉 등 다수가 있다.

### 이 창 원

한국외국어대학교 문학사와 연세대학교 경영학 석사를 거쳐, 미국 'State University of New York at Albany' 에서 조직학 박사를 취득, 현재 한성대학교 행정학과 교수로 재직중이다. 한국행정학회 정부개혁기조 연구팀장, 한국행정학회 운영이사 및 편집위원, 5급 고등고시 출제위원 등을 역임하였다. 주요 관심분야는 리더십 및 갈등관리, 정부개혁 등이고, 저서로는 《새 조직론》, 《새 조직행태론》, 《한국의 기업가 정신과 기업성장》 등이 있으며, 주요 논문으로는 〈Relative Status of Employees and Styles of Handling Interpersonal Conflict : An Experimental Study with Korean Managers〉, 〈지방자치단체의 조직효과성 평가에 관한 연구〉 등 다수가 있다.

### 전 은 실

연세대학교 영문학사를 거쳐 미국 'State University of New York at Albany' 에서 영어교육학(TESOL)으로 석사학위를 취득하였고, 현재 경원대학교에 출강하고 있다. 역서로는 《아이디어를 위한 아이디어 북》, 《별》, 《행성》 등이 있다.

# 맥킨지의 변혁프로젝트, RCL
## 실행 WorkBook

## 지은이 소개

### 존 R. 카젠바흐 & RCL팀(Jon R. Katzenbach & the RCL Team)

이 책은 세계적인 컨설팅 회사 맥킨지에서 일곱 명으로 구성된 팀이 수 년간에 걸쳐 공동으로 작업하여 맺은 결실이다. 이 중 세계적으로 유명한 베스트셀러 《The Wisdom of Teams》의 공동저자인 **카젠바흐**(Jon R. Katzenbach)는 맥킨지의 디렉터로서 지난 20여 년간 맥킨지의 조직개혁업무를 주도했으며 기업개혁을 추진하는 리더들에게 전문적인 조언을 제공해 왔다.

**디쳐**(Steven Dichter)는 맥킨지 체인지센터의 설립자이다. 이 센터는 맥킨지의 리더십 개발 및 연구기관으로서 인력의 기술 및 실적에 대대적인 개혁을 추진하는 기업들을 돕는 데 주력하고 있다.

**호프**(Quentin Hope)는 체인지센터의 동료이며 함께 일했던 **페인**(Marc Feign)과 컨설팅 회사인 미첼 매디슨에서 일하고 있다. 그리고 **베켓**(Frederick Bekett)과 **링**(Timothy Ling)은 현재 맥킨지 로스앤젤레스 사무소에서 파트너로, **개그넌**(Christopher Gagnon)은 개인투자회사인 블루 캐피털의 경영이사로 활동중이다.

우리는 이미 실생활에서 습득한 지식이 얼마나 중요한가를 알고 있다. 하지만 아직도 많은 의뢰인들과 동료들은 그들의 변화를 촉진시킬 수 있는 특별한 방법에 대해서 물어온다. 불행하게도, 아직까지는 RCL을 양성하고 변혁프로젝트를 성공적으로 운영하는 데 필요한 프로그램은 존재하지 않는다(물론 이러한 프로그램 없이도 승진하는 사람들도 많다). 아무튼 이러한 상황을 해결하기 위한 '지침서' 따위가 존재하지 않는다는 것을 우리는 명심해야 할 것이다.

이 워크북이 쓰여진 목적은 다음과 같이 RCL들을 돕기 위해서이다.

1. 이 책은 일곱 가지 주제들을 토대로 보다 쉽게 비공식적인 자기평가서를 만들 수 있도록 돕는다. 각 주제를 진단하기 위한 문제들을 통해 독자들은, 이 책을 읽을 준비가 되어 있건 안되어 있건 간에 보다 빠르고 쉽게 이 책의 내용을 이해할 수 있을 것이다.
2. 이 책은 변혁을 위한 리더십이 필요한 독자들에게 새로운 사상이나 체크리스트, 또는 사고의 틀을 제공한다.
3. 중요한 생각을 다른 사람들과 교환할 때, 꼭 필요한 청사진을 제공한다.

이 책은 독자들에게 전반적인 상황파악을 위한 시작점을 제공하면서, 동시에 독자들이 생각했던 바와 일이 다르게 진행될 경우 그 시작점으로 독자들이 생각을 되돌릴 수 있도록 도와줄 것이다.

이 책을 읽어가면서 당신은 하나의 공통된 테마를 발견하게 되는데, 그것은 바로 RCL들이 조직 내에서 '고정핀(linchpin)' 역할을 맡게 된다는 것이다. 당신이 속해 있는 조직을 변화시키는 데 필요한 행동이나 주제에 대해 항상 생각하고 있다는 것은 매우 가치 있는 일이다. 당신이 조직 내에서 담당하게 될 중요한 임무를 잘 수행하게 되기를 바란다.

존 R. 카젠바흐 & RCL팀

# 차    례

# CHAPTER 1

# 성 과(Performance)

– 손익보다 중요한 결과 –

## 성과측정

당신이 추구하는 변혁의 목표는 얼마나 명확하고 효과적인가? 당신이 생각하는 답에 표시하라.

1. 당신이 현재 준수하고 관리할 수 있는 성과기대치를 써라. 이 리스트의 성격을 어떻게 규정하겠는가?

   a. 명확한 측정치가 없다.

   b. 남들이 정직하게 말하는 것보다 더 많다. 누군가가 무슨 일에 대해서 걱정을 할 때마다 나는 새로운 측정을 해야 한다

   c. 오직 한 가지만이 문제이다(예를 들어, 비용이나 수입, 또는 소득). 아무도 이러한 것들 외에는 신경 쓰지 않는다.

   d. 모든 문제는 항상 그 안에 있다. 너무 많지도 않고 너무 적지도 않다.

2. 만약 당신이 항상 똑같은 측정리스트를 가지고 있다면, 그 리스트
   에 의해 측정되는 사람은 누구이겠는가(주주, 고객, 종업원)? 만약
   둘 이상이라면?

   a. 명확한 측정치가 없다.
   b. 주주
   c. 주주와 고객
   d. 주주와 고객, 그리고 종업원

3. 만약 당신의 회사가 경쟁회사와 비교된다면, 당신은 어떻게 대답
   하겠는가?

   a. 질문을 회피한다.
   b. 일반적인 장점과 단점에 대해 객관적인 자료와 사례를 제시한다.
   c. 누가 1위이고 2위인지를 전반적인 평가에 근거하여 대답한다.
   d. 어떤 회사가 자신의 회사보다 나은지를 일일이 열거하고, 핵심측
      정치를 인용한다.

4. 당신의 회사나 부서의 최우선적인 공격목표가 있다면 무엇이겠는
   가? 현실을 고려할 때 당신은 그것을 어떻게 평가하겠는가?

   a. 현재 성과에 따르면 약간의 진전이 있었다.
   b. 경쟁자의 최선과 비슷하다.
   c. 세계적인 기업수준이다(어떤 산업이냐에 관계 없이).
   d. 완전히 이상적이다. 현실세계와는 전혀 동떨어져 있다.

5. 변혁프로젝트에서 일하고 있는 세 명의 종업원들을 골라서, 그들에게 그 프로젝트의 목표가 무엇이냐고 물어보자. 그들은 어떻게 대답을 하는가?

a. 명확한 대답이 없다(또는 진행중인 변혁프로젝트가 없다).
b. '상황판단' 적 대답을 한다(예를 들면, 고객 데이터베이스를 구축한다 / 80명을 교육시킨다).
c. 주주와 고객, 그리고 종업원을 위한 명확하고 측정가능한 성과를 가지고 있다(예를 들어, 12주 안에 주문만족도 횟수를 50%나 줄였다).

## 채 점

당신의 답변을 채점하고 총점을 구하라.

| | | 문제 | | | | |
|---|---|---|---|---|---|---|
| | | 1. | 2. | 3. | 4. | 5. (세 명의 종업원) |
| 대답 | a. | 0 | 0 | 0 | 0 | 한 사람당 0 ________ |
| | b. | 1 | 1 | 1 | 3 | 한 사람당 5 ________ |
| | c. | 1 | 3 | 3 | 5 | 한 사람당 2 ________ |
| | d. | 5 | 5 | 5 | 0 | |

당신의 총점은? ________

## 채점 평가

· 당신은 업무성과 수행에 있어 조직에 도움을 줄 수 있는 상당한 집
  중력을 가지고 있다. 이를 토대로 변혁에 대한 노력을 확장시키고
  심화시켜라.                                              (21~26점)
· 당신은 조직의 성과발전에 충분한 집중력을 가지고 있다. 이 시기
  는 당신의 변혁노력을 확립하고 활력을 불어넣기에 아주 적당한 시
  점이다.                                                  (5~20점)
· 만약 당신의 조직이 아직까지 커다란 문제가 없다면 곧 문제가 발
  생할 것이다. 그 조직의 최고경영진에게 급격한 변화가 필요하다는
  점을 인지시켜라.                                          (0~4점)


## 행동이행

### 성과에 대한 계획설립

만약 변혁에 대한 동기가 진정한 성과달성에 있다면, 한 페이지에 그 동기를 간략하게 표현할 수 있을 것이다. 아래 표(제1장에 나와 있는 실드에어 사와 GE 모터스의 성과설계를 토대로 하였다)를 사용하여 한번 작성해 보길 바란다.

| 성과우선순위 | 측정 | 목표 |
|---|---|---|
| 1. _________ | a. _________ | _________ |
|  | b. _________ |  |
|  | c. _________ |  |
| 2. _________ | a. _________ | _________ |
|  | b. _________ |  |
|  | c. _________ |  |
| 기타<br><br>만약 5개 이상의 성과우선순위가 있다면, 그것들이 타당한가를 우선 판단하라. | 각 측정치와 성과우선순위를 비교해 보고, 세 개 이상의 성과우선순위는 갖지 마라. | 각 측정치의 적절성과 측정가능한 목표를 제시하라('언제부터'를 반드시 포함해서). |

이 표를 완성하는 데 다음의 노트와 요점들이 도움이 될 것이다.

## 성과우선순위 : 무엇이 가장 중요하며, 왜 중요한가?

성과우선순위(performance priority)는 조직이 성공하는 데 있어 반드시 해결하고 넘어가야 할 몇 가지 주요 사항 중 하나이다. 이는 반드시 행해져야 하고 달성되어야 할 조건이다. 이러한 성과우선순위는 각 기업의 시장에 따라 매우 다양하다. 예를 들면 이렇다.

| 계획 업체 | 우선순위 | 가중치 |
|---|---|---|
| 장거리 운송업체 | 고객 유치 | 고액의 고객 유치비용 |
| 호텔 | 점유율(이용률) | 고액의 고정비 |
| 금속 제조업 | 재고율(scrap rate) | 고액의 원료비 |
| 컴퓨터 판매 | 고객의 직종에 대한 지식 | 고객수요에 대한 대응력 |

## 완고한 결합관계(Rock-Solid Linkage)

짧은 성과우선순위의 목록은 그것들이 너무 고차원적이거나 혹은 추상적이어서 일선 현장에서 일하는 사람들에게는 무의미하다는 것을 얘기하는 것은 아니다. 당신의 우선순위 목록은 실제의 작업현장 경험을 토대로 한 것이어야 한다. 시험적으로, 일선 작업현장에서 근무하는 세 명의 근로자를 뽑아라. 당신의 성과우선순위와 세 명의 근로자가 취할 수 있는 일상적 행동, 그들이 통제할 수 있는 것들과의 상관관계를 조사하라. 성과우선순위가 이들의 입장과 모두 동일할 수는 없겠지만, 적어도 한 개 이상은 연관이 있어야 할 것이다. 다음은 미국의 MEPUS

가 어떻게 하위 생산라인 직원들과 고도의 우선순위를 연관시켰는지를 잘 보여 준다.

**현금의 유동성을 최대화해라.**

    ➡ 거시적 자산등급비용의 감소

        ➡ 소금강의 수면·관리비용 감소

            ➡ 보조펌프 수리비용의 감소

                ➡ 몇 년간 펌프고장의 감소

간단 명료한 성과우선순위는 몇몇 꼼꼼한 독자들도 만족시킬 것이다.

1. 최고경영진에게 성과우선순위는 유형적이고, 현명하고, 실행가능하며, 의미 있는 것이다. 조직의 운영방향에 대한 안내와 함께 목표달성을 위한 성과의 수준 결정에 필요한 요소로 작용하기 때문이다.
2. 종업원에게 성과우선순위는 현실적 행동지향적이고, 의미 있는 것이다. 이는 상급자가 신입사원이 조직생활에서 개인의 진정한 의미를 이해하고 항상 명심할 수 있도록 돕는 핵심적인 요소가 될 수 있다.
3. 주식분석가에게 성과우선순위는 해당 시장의 활동성과 경제성에 대해 예리한 판단을 내릴 수 있도록 활용된다. 주식분석가는 이러한 우선순위를 토대로 최고 주주에게 의견서를 작성하여 제출한다.

## 측정치

측정은 때로 사람들을 곤경에 빠뜨릴 수 있다. 측정치를 그 연구결과와 연결지어서는 안될 것이다. 측정치는 단지 의사결정을 돕고 행동을 유도하기 위해 존재하는 것이다. 측정에서의 문제와 그 해결책에는 다음과 같은 것들이 있다.

| 문제 | 가능한 해결책 | 조언과 경고 |
| --- | --- | --- |
| · 많은 경우 | · 순위화<br>· 관리자에게 기대<br><br>· 차선책 형성 | · 한두 개만 골라라.<br>· 측정군이 상호 연관되어 독립적이지 못하다.<br>· 문제가 발생하거나 주요 측정기준에 의해서 발견될 때, 측정기준을 분할하라. |
| · 직접측정이 불가한 경우 | · 대체물 탐색 | 예 : 종업원 일인당 고객방문 횟수 |
| · 측정에 과다한 노력이 드는 경우 | · 빈도수를 줄임<br>· 정확도를 줄임 | · 조건이 쉽게 바뀔 수 없다면<br>· 방향만 충분히 맞는다면 |
| · 너무 느린 경우 | · 정보의 원천으로 이동 (상위로)<br><br>· 자신의 샘플 개척 | · 정보획득 단계와 지연시간의 축소를 위해 정보흐름도를 재설계하라.<br>· 공식적 보고절차를 기다리기보다는 빠른 정보와 조언을 구할 수 있는 정보망을 구축하라. |

## 목 표

목표 설정은 예술이나 과학과 같은 것이다. 요컨대, 조직의 주어진 능력과 시장의 현실성을 바탕으로 쉽게 얻을 수 있는 목표와 단순히 이상적인 목표 사이에서 균형을 찾을 수 있을 때, 당신은 그것을 '적절한' 목표설정이라고 생각할 것이다. 당신의 목표를 다음의 질문에 따라 시험해 보자.

1. 당신은 목표달성을 위해 당신이 해야 할 일들을 정확하게 알고 있는가? 만일 그렇다면, 당신은 더 이상의 추가노력은 필요 없다.
2. 벤치마킹 능력에 있어서 당신의 순위는 어느 정도인가? 당신의 순위 진전은 종업원들을 더욱 격려하고 소비자들에게 감명을 줄 수 있는 수준인가?
3. 당신의 목표가 고객만족의 한도를 능가하는가? 고객의 만족곡선에는 가끔 '꺾임점(breakpoint)'이 나타나게 된다. 만일 당신의 목표가 이러한 한계 아래에 있다면, 겉으로 보기에는 커다란 개선을 이루었어도 고객은 별로 차이를 느끼지 못하게 될 것이다.

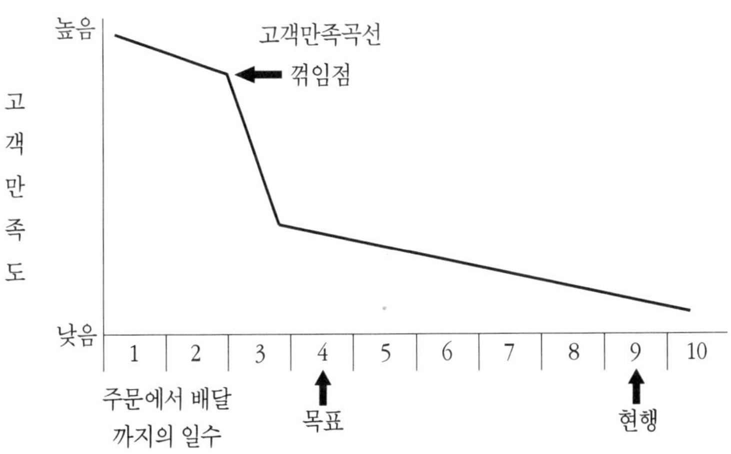

4. 당신의 목표는 실질적으로 재정상의 변화를 가져올 것인가? 비용
   의 60% 절감을 위한 공정의 재설계작업은 매우 대단한 것처럼 보
   일 수도 있지만, 재설계공정이 당신의 비용구조상 하찮은 것이라면
   당신은 다른 공정에서 15%를 절감하는 데 노력을 기울이는 편이
   나을 것이다.

## 고정핀의 연관성 구축

단순히 성과설계만 하는 것으로는 충분하지 않다. RCL로서 당신은 조
직의 핵심적 성과달성을 위해 항시 중추적인 역할을 해야 한다. 따라서
다음과 같은 세 개의 고정핀들의 결합에 노력해야 할 것이다.

| 연결<br>시장의 현실성 | 함께(with)<br>최고관리층의 목표 | 그리고<br>근로자의 열정과 동기 |
| --- | --- | --- |
| · 될 수 있는 한 자주 고객들에게 많은 사람들이 모인다는 것을 보여 주어라. | · 전략의 변화와의 적절한 결합 | · 그 사업에 대한 정보와 진행과정을 사람들과 공유하여라. 열린 환경을 창조할 것. |
| · 그 분야에서 최고의 경쟁자를 벤치마킹해라. | · 고객들과 경쟁자들이 최고경영진을 직접 만날 수 있도록 함으로써 보다 신속하고 정확한 전략기획과 토의를 만들어라. | · 성과우선순위를 분명하게 구분지어라. 이러한 성과우선순위를 사람들이 매일 하는 의사결정과 행동에 맞게끔 하라. |
| · GE 모터스와 같은 '신속한 시장파악력'을 구축하라. | · 조직의 기능에 대해 현실적이고 지속적인 평가를 제시하라(얼마나 많이, 얼마나 빠르게 등등). | · 핵심적 재정개념에 대한 의미와 중요성을 설명하라(예를 들어, 장점으로의 회귀). |
| | | · 사람들이 시장목표를 달성할 수 있도록 길을 열어 주어라. |

## 회상도

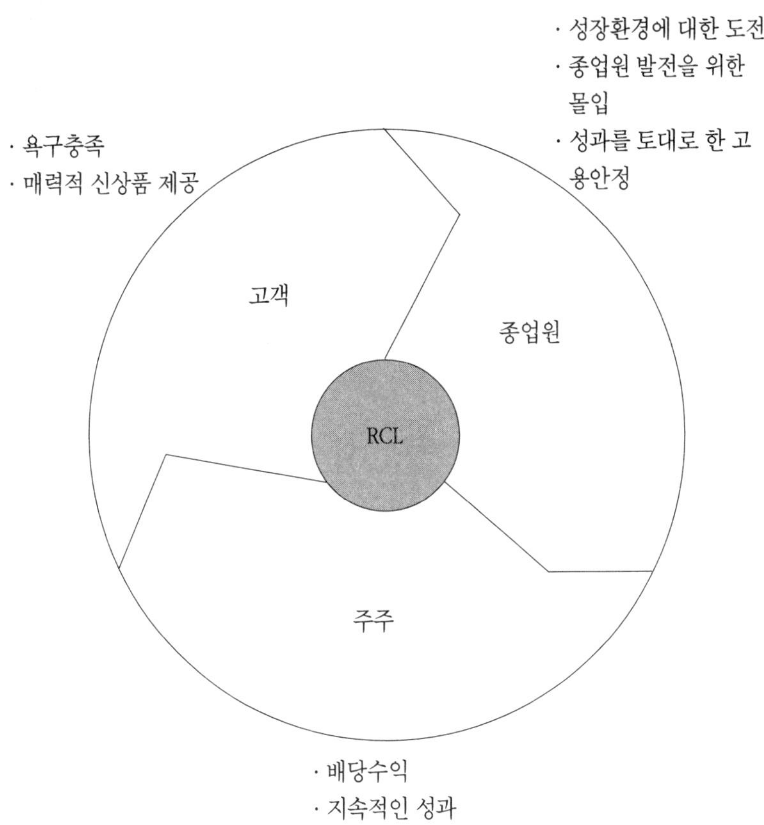

〈그림 1〉 이해관계자들간의 성과조정



▶ RCL은 성과목표의 균형을 위해 자기증진(self-reinforcing)을 해야 한다. 고객의 욕구를 만족시키는 것은 주주들에게 이익을 가져다 주는 일이 된다. 주주들은 이를 통해 종업원들에게 더 많은 기회를 제공하게 되고, 이는 결국 고객들에게 더 많은 가치를 전달하는 것으로 귀결된다.

# CHAPTER 2

# 현장 비전(Working Vision)

### − 동기를 유발할 수 있는 역동적인 비전 −

## 현장 비전 평가

당신이 성취하고자 노력하고 있는 일을 명확하게 표현할 수 있는가?

현장 비전은 회사의 비전(corporate vision)과는 대조적이다. 조직의 변혁은 당신의 리더십에 의해 크게 좌우된다. 당신의 리더십으로 조직을 변화시키기 위한 노력 가운데 하나라고 생각하고 다음의 질문들에 답하라.

1. 한 문장 혹은 한 어절로 당신의 작업부문에 대한 비전을 적어라.

__________________________________________________________

__________________________________________________________

답변하기 쉬웠는가?

 a. 즉시 답변할 수 있었다.

 b. 잠시 생각해 보아야 했다.

 c. 지금 만들어야 했다.

 d. 공란으로 두었다.

2. 현장 비전에 관한 정보를 제공할 수 있는 현장근로자 세 명에게 물
  어보아라.

    ① 빨리 답변하였는가?
      a. 바로 답변하였다.
      b. 잠시 생각하였다.
      c. 답변하지 못했다.

    ② 응답자들의 답변이 일치했는가?
      a. 다른 용어들을 사용하긴 했지만, 핵심적인 내용은 일치했다.
      b. 다소 달랐지만, 전반적으로 유사했다.
      c. 모두 달랐다.
      d. 답변하지 못했다.

3. 지난주의 일상적 대화, 주제 토의, 혹은 의사결정과정에서 현장 비
  전에 대한 언급이 얼마나 자주 있었는가? 언급횟수를 적어라.

__________ 번

4. 현장 비전을 구상할 수 있는 개인적 동기는 무엇인가? 다음 보기들
  중에서 해당하는 것에 표시하고 자신의 것을 추가하라.

| | |
|---|---|
| (　) 두려움 | (　) 정직성 |
| (　) 경쟁심 | (　) 개인적 이익 |
| (　) 최고가 되기 위한 욕구 | (　) 차별화 |
| (　) __________ | (　) __________ |

당신이 표시한 동기부여 항목들은 시장성과 조직문화적 특성에 부합하는가(예를 들어 '개인적 이득'은 성과에 대한 보상이 적을 경우 적합하지 않고, '최고가 되기 위한 욕구'는 최고경영진이 영도적 리더십을 가지고 있을 때만 적당하다)?

a. 매우 잘 연결
b. 꽤 잘 연결
c. 완전한 미연결
d. 작업부문에 대한 비전이 없다.

5. 최고경영진은 당신의 현장 비전을 듣고 어떤 반응을 보일까?

a. 이미 들은 적이 있다 : 중대한 직무가 회사 차원의 비전을 만든다.
b. 들은 적이 없다 : 좋은 평가
c. 들은 적이 없다 : 매우 고민중이다.
d. 최고경영진에게 들려줄 비전이 전혀 없다.

## 채 점

다음의 표를 참조하여 채점하고 총점을 구하라.

| 문제 | | | | | | |
| --- | --- | --- | --- | --- | --- | --- |
| 대답 | 1. | 2. ① | 2. ② | 3. | 4. | 5. |
| a. | 5 | 5 | 5 | 한 사례에 1점씩 부여 | 5 | 5 |
| b. | 3 | 3 | 3 | | 3 | 3 |
| c. | 1 | 0 | 1 | | 0 | 0 |
| d. | 0 | | 0 | | 0 | 0 |

당신의 총점은? ______

## 채점 평가

· 당신은 좋은 현장 비전을 가지고 있다. 계속해서 노력하고 새로운 점이 필요한가에 유의하라. (20점 이상)

· 부분적으로 좋다. 하지만 당신은 아직도 현장 비전의 실질적인 가치를 모르고 있다. 이러한 것들을 한군데로 모으기 위해 무엇이 필요한가 생각해 보라. (5~19점)

· 현장 비전의 가치를 모르고 있다. 현장 비전을 생각하기 시작해야 할 시점이다(이러한 과정에 능력이 포함된다는 것을 명심하라). (0~4점)

## 행동이행

만약 당신에게 현장 비전이 부족하다면, 다음의 주요 요소들이 당신을 도와줄 수 있을 것이다.

### 적시성(Timing)

지난달에 다음과 같은 주제에 대해 토론할 수 있었던 기회가 있었는지 생각해 보아라. "우리가 진정으로 해야 할 일은 무엇인가(예를 들어, 특별한 열정이나 행동이 취해지지 않은 상태에서 계속 토론이 지속될 경우)?" 또한, 당신이 회의를 이끌 수 있게끔 준비할 수 있는지 생각해 보아라.

- 참석자들을 제대로 섭외할 수 있을 것인가?
- 회의진행에 필요한 정보들이 충분히 준비될 것인가?
- 회의의 시작을 어떻게 할 것인가("우리의 비전에 대해 얘기해 볼까요" 등은 삼가할 것)?

### 참 여

작업부문에 대한 비전의 개발과정에 투입해야 할 인재는 누구인가 생각해 보아라.

- 투입해야 할 적합한 인재는 누구인가?
- 당신은 다양한 현장 비전에 대한 다양한 의견을 수렴하고 있는가? 회의론자는 많지 않은가?
- 모든 사람들이 같이 시작해야 되지 않는가? 소수 그룹으로 먼저 시

작하는 것이 효과적인가?

■ 만일 소수의 인원으로 시작할 것이라면, 어떻게 보다 많은 사람들을 참여시킬 것인가?

■ 당신 이외에 의사결정과정을 시작하거나 부분적으로 이끌 사람이 있는가? 어떻게 그런 사람이 나타나도록 할 것인가?

## 사실과 내용

■ 어떠한 현장 비전에 대해 부분적으로 혹은 전체적으로 논의할 수 있는 내재적 행동이나 비판적 의견이 준비되어 있는가?

| | |
|---|---|
| (　) 합병 혹은 취득 | (　) 전략 비평 |
| (　) 광대한 인원감축 | (　) 신상품 개발 |
| (　) 리더십 변화 | (　) 공식적인 재조직화 |

■ 현장 비전 회의에서 시장의 특성(고객과 경쟁사), 성과우선순위(주주의 요구), 종업원에 대해 알아야 되거나 주의해야 할 요소는 무엇인가?

| 시장의 특성 | 성과우선순위 | 종업원 |
|---|---|---|
| (　) 지속적 전략 | (　) 재정적 기대율(수익 | (　) 직무만족도 조사 |
| (　) 표적시장 | 　　성장, 자금흐름, ROA) | (　) 가능한 인센티브 |
| (　) 시장점유율 | (　) 투자장애율 | (　) 인구통계 |
| (　) 고객만족도 조사 | (　) 소유권의 변화 | (　) 이직률 |
| (　) 경쟁사의 강점과 약점 | | (　) 기술 격차 |
| (　) 경쟁적 벤치마킹 | | (　) 보상의 분배 |

■ 회의석상에서 이러한 정보들이 충분히 제공되었는가? 현장 비전 회의를 갖기 전에 당신은 이러한 요소에 대한 공개나 토론시간을 필요로 했는가?

## 회의의 촉진

회의를 유연하게 진행하기 위해서는 토론을 고무시킬 수 있는 도구들이 준비되어야 한다.

■ 다른 작업부문의 비전에 관한 이야기들(《맥킨지 변혁프로젝트, RCL》이나 당신의 조직 또는 당신이 일하고 있는 산업 내에서 구할 수 있으면 구하라. 예를 들면 당신의 경쟁자)
■ 공동착상(Brainstorming, 위의 책 제2장에서 아이디어 창출을 위해 모든 사람이 볼 수 있도록 포스트-잇을 사용한 예를 기억하라)

# 회상도

## 현장 비전의 효과성

〈그림 2〉 장거리 전화서비스 판매부서의 인적자원관리 재설계(사례)

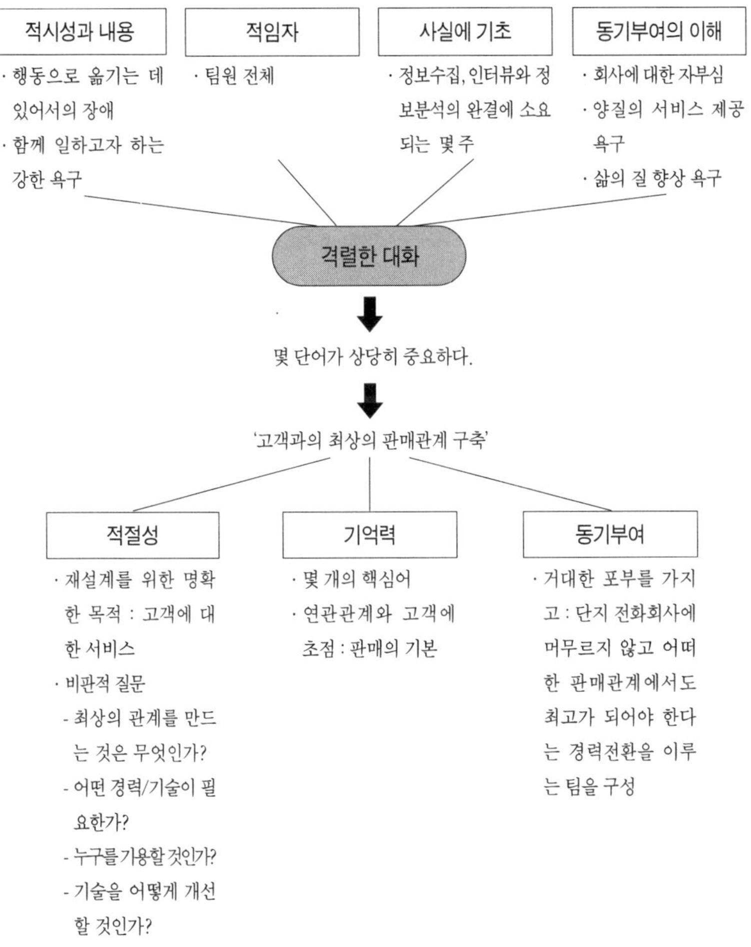



▶ 토론시간은 작업부문에 대한 비전 개발과정의 핵심이다. 토론에서 RCL들은 비전의 핵심적 요소들에 대해 확신을 갖게 하는 필수적인 역할을 담당한다.

# CHAPTER 3

# 용 기(Courage)

– 옳은 일을 행하고자 하는 용기 –

## 용기 평가

변화의 위험을 감수하며 시도할 수 있는 적절한 용기가 있는가?

다음과 같은 상황이 얼마나 자주 발생하는지 해당란에 표시하라.

항상　자주　가끔　전혀

1. 당신의 행동을 비추어 볼 때, 당신은
   a. 회의석상에서 중요한 정보 혹은 논제
      를 간과하거나 빠뜨렸을 때 가만히
      있는다. ＿＿ ＿＿ ＿＿ ＿＿
   b. 성공가능성과 장래의 전망이 어둡고,
      경력에 미치는 위험이 적지 않다면 새
      로운 업무를 시작하지 않는다. ＿＿ ＿＿ ＿＿ ＿＿
   c. 현재 진행중인 정책, 실험 혹은 경영에
      대한 자문 등에 문제가 있다면 장애물
      이라 생각한다. ＿＿ ＿＿ ＿＿ ＿＿

　　d. 안전한 대안이 존재하는 한 독립적인
　　　입장을 취하거나 모르는 사람을 믿지
　　　않는다.　　　　　　　　　— — — —

　　e. 똑같은 일이나 사람에게 불평하는 일이 있다.　— — — —

2. **당신과 같이 일하는 사람들을 관찰했을
　때, 그들은**

　　a. 경영진이 바뀌거나 관심을 보이지 않을
　　　것이라 예상되면 변화하려 하지 않는다.　— — — —

　　b. 진정한 문제해결보다는 안정된 상태
　　　를 유지하는 데 만족한다.　　　— — — —

　　c. "나와 상관 없어"라며 행동을 보이지
　　　않는 정당한 이유를 댄다.　　　— — — —

　　d. "당신은 그 일을 할 수 없어"라고 타
　　　인에게 정당한 이유를 말한다.　　— — — —

　　e. 그들이 알고 싶지 않거나 남들이 알기
　　　를 원하지 않는 문제에 대한 평가는
　　　하지 않는다.　　　　　　　　　— — — —

3. **최고경영진의 행동을 관찰했을 때, 그들은**

　　a. 그들의 변화는 눈에 띄는 것이 아니라
　　　소리 없이 이루어진다.　　　　— — — —

　　b. 일이 잘 진행되지 않을 때는 회피하려
　　　는 경향을 보인다.　　　　　　— — — —

　　c. 당신의 변화를 촉진시킬 수 있는 행위
　　　나 태도에 대해 의사결정을 추진한다.　— — — —

　　d. 중요한 변화에 앞장 서지만 난관에 부

딪치면 태도를 바꾼다.　　　　　　___　___　___　___

e. 일이 실패로 돌아간 책임을 지지 않으
　려 사전에 방어한다(예를 들어, 방송
　종료를 자주 한다든지 아니면 항의와
　요구를 묵살한다든지).　　　　　___　___　___　___

## 채 점

표를 이용하여 채점하고 총점을 구하라.

| | 항상 | 자주 | 가끔 | 전혀 |
|---|---|---|---|---|
| 총 기입한 수 | | | | |
| 점수 | 각 기입란에 0 | 각 기입란에 1 | 각 기입란에 2 | 각 기입란에 3 |
| 소계 | | | | |

당신의 총점은? ______

## 채점 평가

· 당신은 작업수행을 위한 대단한 용기를 가지고 있다. 당신과 동료
　들은 참고 견디어 성공할 수 있을 것이다.　　　　　　(38~45점)
· 상당한 정도의 용기를 가지고 있다. 자기 자신을 비롯한 동료들에게도
　확신과 자신감을 심어주기 위해 노력해라.　　　　　　(16~37점)
· 당신이 변화를 효과적으로 주도할 수 있을지 의심해 보아야 한다.
　낮은 점수의 행동들을 지양해라.　　　　　　(0~15점)

## 행동이행

### 몰입 정도의 구상

몰입의 부족현상은 조직 전체에 동일하게 나타나는 것이 아니다. 다음의 표는 조직에서 당신의 현재 용기지수가 얼마나 되는가를 알 수 있게 한다. 가로축은 확신, 용기, 역량을 가늠하는 것이다. 확신과 역량의 부족은 용기를 증진시키는 데 장애가 된다. 따라서 두 가지 항목에 대한 정확한 평가가 이루어져야 한다. 확신, 용기, 역량 모두가 높게 나와야지만 당신은 강한 몰입을 할 수 있게 된다.

세로축은 RCL들이 갖추어야 할 용기의 3가지 영역을 나타내고 있다. 당신은 이것을 활용함에 있어서 다른 부서 전체를 대상으로 평가하기보다는 부서의 특정인을 선정하여 그를 평가하는 것이 더욱 유용할 것이다. 평가를 통하여 당신은 특별한 요구를 필요로 하는 사람은 누구이며, 어떤 차원에서 도움을 주어야 하는지를 알 수 있을 것이다.

이 작업은 난해한 실습과정이다. 이 작업은 '몰입하지 않는' 혹은 '용기가 없는' 등으로 사람을 간단하고 쉽게 특징화할 수 있다. 그들의 몰입을 가능하게 하는 최선의 방법을 모색하기 위해 당신은 진정으로 타인을 이해할 수 있도록 노력해야 한다. 타인에 대한 진정한 이해란 자기 자신의 관점에서 옳고 그름을 판단하는 것이 아님을 명심하라.

| | 확신 ➡ | 용기 ⬅ | 역량 |
|---|---|---|---|
| | a. 변화가 필요하고<br>b. 변화의 방향이 올바<br>　르다는 강한 신념<br>　▶ 지성적 몰입 | '옳은 일을 해야겠다'<br>는 의지, 일을 하는 데<br>있어 꼭 필요한 개인적<br>이고 전문적인 위험과<br>희생의 감수<br>▶ 감성적 몰입 | 몰입에 있어서 효과적<br>인 행동능력<br>▶ 재능, 기술, 경험,<br>　보조의 문제 |
| 자기 자신 | | | |
| 동료직원들 | | | |
| 최고경영진 | | | |

## 표를 완성하는 방법

객관적 관찰과 지식에 근거하여, 관찰한 대상 인물에 대해 (±) 표시를 한다. 당신이 객관적이라고 평가하는 믿을 만한 동료가 작성할 수도 있다.

몰입의 상황에서 짐 올든은, 어떻게 일련의 사실을 공유하고(확신을 갖는 것) 재설계의 과정을 거치는지(역량을 키우는 것) 등의 노력을 총체적 몰입을 위해 계속해야 할 것이다.

| | 확신 ➡ | 용기 ⬅ | 역량 |
|---|---|---|---|
| 짐 올든 (Jim Olden, 구매부장. 제품디자인 재설계 부서에 대해 비판적) | (-) 제품의 디자인에 신경 쓰기보다는 판매에 주력한다.<br>(-) 디자인 공정의 개선을 위한 구매에는 집착하지 않는다.<br>(-) 모든 직무재설계는 일부의 사람들이 자신들의 영광을 위해 추진한 것이라 생각한다. | (+) 어려운 계획의 집행에 있어서 좋은 성적(93년도의 부서통합)<br>(+) 항상 소신 있게 말하려 한다(최고의 계약을 맺음으로써 CEO들을 골탕먹인다). | (+) 20여 년의 경력<br>(+) 판매자의 역량을 상세히 알고 있다.<br>(-) 재설계와 기술공에 대해 이해하지 못한다. |

## 몰입의 구축

당신의 조직 내에서 용기의 격차가 언제 어디서 나타나는가에 대한 이해를 돕기 위해서, 당신은 자신의 노력에 초점을 맞추어 이해하도록 해야 한다. 그러나 용기의 증진이 직접적으로 이루어지는 것은 아니다.

용기의 증진은 변화하고자 하는 노력이 신장될 때 가능한 것이다. 다음에 제안되는 행동들은 용기를 증진시키고 강력한 변혁프로젝트를 만들 수 있도록 도울 것이다.

| 자기 자신 | 동료직원들 | 최고경영진 |
|---|---|---|
| · 불확실한 상황에서도 일한다.<br>· 확신과 신뢰를 갖는다.<br>  - 사실과 문제를 알고 있다.<br>  - 타인을 주목하고 신뢰한다.<br>· 언제, 어디서 문제가 발생했는지 털어놓는다.<br>· 장애물을 제거하기 위해 규범에 어긋나더라도 대담한 행동을 취한다.<br>· 자신을 새롭게 하기 위해 타인의 확신과 용기를 관찰한다. | · 진실을 추구한다.<br>  - (고객, 경쟁사, 조직의 일선 기관에서) 정보획득<br>  - 진실을 숨기지 않는다.<br>· 전체 조직을 위하여 고도의 열망과 성과우선순위를 의미 있는 개념으로 만든다.<br>· 명확하고 강력한 현장 비전을 호소하여 개인의 마음과 생각을 읽는다.<br>· 전파되는 환경을 창조한다.<br>  - 초반 승리 획득<br>  - 성공에 대한 축하와 보상<br>  - 타인이 볼 수 있는 곳에 시험물 전시<br>  - 신조어의 사용<br>  - 회의론자의 전향에 중점<br>  - 인정과 수용, 실패로부터의 학습<br>· 모험의 시도<br>  - 유망한 사람에 의해<br>  - 새로운 도구와 접근방법 | · 새롭고 좋은 정보를 가지고 있다.<br>· 자신이 먼저 실수를 인정하고 드러낸다.<br>· 방향수정을 지적한다.<br>· 개인의 행동이 조직에 미치는 영향력을 알게 한다.<br>· 성공의 분배(크건 작건, 단체건 개인이건)와 변화하기 위한 조직의 능력을 보여 준다. |

## 회상도

### *몰입을 가져오는 과정*

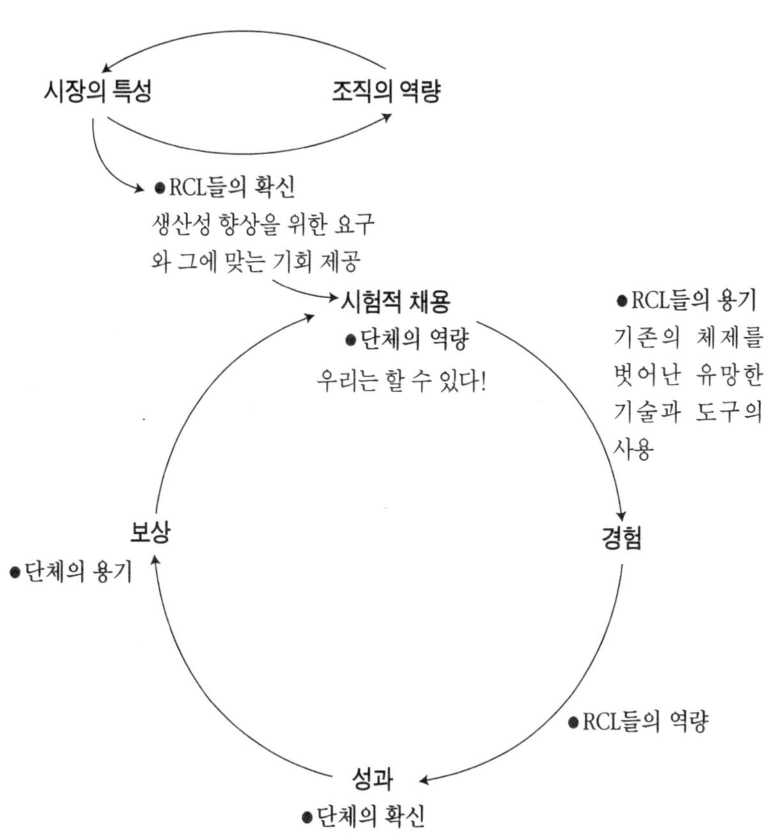

〈그림 3〉 쓰레기 관리회사(사례)



▶ 조직의 변화를 위한 몰입은 RCL들로부터 시작되는 정교한 과정을 통하여 만들어 진다. RCL들은 자신의 확신, 용기, 역량을 바탕으로 타인의 확신, 용기, 역량을 신장시킬 수 있는 경로를 제공한다. 타인 또한 RCL들에게 이러한 활력을 불어넣는다.

# CHAPTER 4

# 사 람(People)

*— 기대 이상의 성과를 모든 구성원이 맛보게 하라 —*

## 활력(Energizing) 평가

최우선의 목표달성을 위해 생산적으로 일하고 있는 부서가 있는가?

다음 질문에 답하라.

1. '권한이양' 이라는 용어가 조직 내에서 쓰여진다면, 이 용어를 가장 잘 묘사하는 문장은 무엇이라고 생각하는가?

   a. 아무도 명확히 대답 못한다.
   b. 중역들은 종업원이 무엇을 생각하는가를 주의 깊게 듣고 그들에게 좀더 많은 결정권을 주어야 한다.
   c. 종업원들은 좀더 열심히 일해야 한다.
   d. 종업원들은 더 큰 권력과 행동에 대한 책임을 갖게 된다. 그들은 또한 그 결과에 대해 책임을 져야 한다.
   e. 종업원들은 더 큰 권력과 행동에 대한 책임을 지며, 그렇게 하기 위한 도구와 훈련, 그리고 과정을 갖는다.

2. 당신의 조직은 과거에 주요 성과개선 프로그램(예를 들면, 품질관
   리나 재정비)으로부터 어떤 결과를 얻었는가?


   a. 단지 '또 다른 그 해의 계획' 으로 판명된 것은 조직에 의해서 크
      게 무시되었다.
   b. 많은 노력, 활동, 시간에도 불구하고 실제 성과개선은 거의 이루
      어지지 않아 결과적으로 홍미가 떨어졌다.
   c. 단기간의 이득 : 사람들은 그것에 대해 좋게 느끼나 사람들의 기
      술이나 태도에 있어서는 실제 변화가 없었다.
   d. 한 영역(예 : 비용감축)에서는 실제적으로 성공을 거두었지만, 다
      른 중요한 영역(예 : 소득인상)은 여전히 부진하다.
   e. 근본적으로 회사의 운영방식을 변화시켰다. 참가인원이 증가하
      였고 이미 높은 성과와 큰 이익을 얻었으며, 다양한 영역으로 계
      속 확대되고 있다.

3. 최근의 변혁을 주도할 수 있는 경로가 명확한가? 그 영역에 해당하
는 과정을 체크하라.

|  | 아니다/<br>없다 | 불량 | 양호 | 우수 |
| --- | --- | --- | --- | --- |
| a. 성과목표가 모두에게 명확하다. | ___ | ___ | ___ | ___ |
| b. 사람들은 무엇이 접근금지인지,<br>무엇이 자유영역인지 안다. | ___ | ___ | ___ | ___ |
| c. 적당한 기술을 지닌 적절한 사람<br>들이 근무하고 있다. 모든 사람들<br>은 무엇이 문제인지에 대해 연구<br>하고 있다. | ___ | ___ | ___ | ___ |
| d. 문제해결을 위한 명확하고 효과적<br>이며 넓게 통용되는 과정이 있다. | ___ | ___ | ___ | ___ |
| e. 과업, 책임, 생산물, 그리고 마감기<br>한이 있는 작업계획들이 존재하<br>며, 계획에 근접해 있고 앞서간다. | ___ | ___ | ___ | ___ |
| f. 상위층과 중간층에서의 리더십은<br>방향과 용기를 제공해 주며, 장애<br>물을 제거해 준다. | ___ | ___ | ___ | ___ |
| g. 모든 사람들은 무엇이, 왜 일어나<br>고 있는지 그리고 그것이 어떻게<br>한데 조합되는지를 알고 있으며,<br>시대에 앞서 나가고 있다. | ___ | ___ | ___ | ___ |

## 채 점

표를 이용하여 채점하고 총점을 구하라.

| 문제 | | 1. | 2. | 3. 아니다 / 없다 | 불량 | 양호 | 우수 |
|---|---|---|---|---|---|---|---|
| 대답 | a. | 0 | 0 | 각 기입란에 0 | 각 기입란에 1 | 각 기입란에 2 | 각 기입란에 3 |
| | b. | 1 | 1 | | | | |
| | c. | 1 | 1 | | | | |
| | d. | 3 | 3 | | | | |
| | e. | 5 | 5 | | | | |
| | f. | | | | | | |
| | g | | | | | | |

당신의 총점은? _______

## 채점 평가

· 당신은 종업원의 숨어 있는 잠재력을 성공적으로 유도해낸다. 이러한 능력을 재정비하고 적용시키고 확장시켜라. (23~29점)

· 당신은 노력 동원으로 힘을 얻기보다는 잃기 쉽다. 성공적인 성과 개선 과정에 좀더 신경을 쓰면 결과를 완전히 바꿀 수도 있다. (8~22점)

· 엄청난 양의 성과수행 잠재력을 가지고 있으나 그것을 발휘하지 못하고 있다. (0~7점)

## 행동이행

조직구성원들의 활력을 끌어낼 수 있는 경로가 준비되어 있다고 가정할 때, 성과개선 과정으로부터 좀더 많은 것을 얻기 위한 방법을 고려해 보면 기본에서부터 출발해야 한다. 당신이 개발하거나 적용시키고자 하는 개선에 관한 어떠한 경로도 다음과 같은 여섯 가지 요소를 필요로 한다.

| 중요요소 | 목적 | 좋은 예 | 나쁜 예 |
|---|---|---|---|
| 1. 명확한 성과목표 | · 중요한 것에 노력을 집중시킨다.<br>· 다양한 행동들을 준비시킨다.<br>· 과정 평가와 속도, 접근경로에 대한 확인사항을 제공한다.<br>· 책임한계를 규정한다. | · 명확하고 간단하며 간결하다.<br>· 즉시 측정할 수 있다.<br>· 시간제한 | · 애매하고 개방적이다.<br>· 측정이나 관찰이 어렵다.<br>· 활동성이 높다. |
| 2. 잘 정비된 작업 현장 | · 문제해결을 위한 기능과 과정의 접촉을 허락한다.<br>· 걱정과 불확실성을 감소시킨다.<br>· 에너지와 아이디어를 감소시킨다. | · 경계가 명확히 규정되어 있다.<br>· 핵심사항에 집중 투자<br>· 혁신에 관대하다. | · 기능적 제한<br>· 주요 자원의 고갈<br>· 진실이 아님에도 불구하고 '공정한 게임'이라 선언 |
| 3. 적재적소에 인재 배치 | · 문제해결을 위한 적절한 기술과 경험을 이용 | · 진정한 팀, 단일 리더집단, 역동적인 개인에 대한 지각적 선택 | · 동일 경험과 기술<br>· 정치적 설명<br>· 무사안일 |

| | | | |
|---|---|---|---|
| | ·숙련된 기술들은 신기술 건설을 위한 바탕으로 사용된다. | ·'노련한 사람'과 '유망한 신참'의 조화 | |
| 4. 명백한 관련과정<br> - 문제해결<br> - 작업계획<br> - 제품생산 | ·사실수집, 아이디어 발상, 대안 평가, 선택을 위한 일상적 작업<br>·폭넓은 참여를 돕고, 행동을 가속화<br>·누가, 무엇을, 언제 했는지 모든 사람에게 공개 | ·간결하다.<br>·작업과의 즉각적 조화 추구<br>·상태변화에 적응 | ·가치가 명료하지 않을 때 다양한 과정에 집착<br>·잊혀질 때까지 작업계획에서 슬그머니 빠지기<br>·휴업과 개업의 분기점이 없다. |
| 5. 헌신적인 리더십 그룹 | ·확신의 조장<br>·위기의 관리<br>·난국의 해결<br>·장애물 제거와 해결책 제공<br>·혼선의 경감<br>·통찰력의 획득과 제공<br>·개인별, 단체별 책임의 확실화 | ·손을 더럽힐 준비가 되어 있는 사람<br>·기능이나 지위상 파벌을 조장하지 않는 사람<br>·접근이 용이한 사람<br>·성공을 인정하고 상을 수여하는 사람<br>·실수를 인정하고 받아들이는 사람 | ·특별한 때에만 참석하는 사람<br>·일만 만드는 사람<br>·행정/과정에 집착하는 사람<br>·성공에 대한 인정과 보상을 거부하는 사람<br>·실패를 비난하는 사람 |
| 6. 의사소통 | ·개인적 불확실성과 걱정은 말한다.<br>·명확한 구상도를 보유한다.<br>·사람들의 알 권리를 만족시킨다.<br>·소문과 사실의 왜곡을 피한다. | ·진행중이거나 빈번한 경우<br>·청중에게 메시지를 전달할 경우<br>·미디어에 접근 용이 | ·넓고 포괄적인 경우<br>·주제의 일관성 부재<br>·유작(遺作)<br>·좋은 소식만 알리는 경우 |

## 소규모의 시작

가끔 조직은 너무 많은 일을 단기간 내에 이루려 하다가 효과적인 방법을 등한시하기도 한다. 소규모(한 분야나 한 지역)와 좁은 범위(극도로 제한된 문제)로 시작하는 것이 이득을 가져다 주기도 한다.

### 1. 구조화된 과정을 사용하는 데 있어서의 자신감

많은 조직들이 성과를 향상시키기 위해서 비구조화된 과정을 사용한다(예 : 위기관리). 따라서, 이들은 조직적인 접근법을 위해 투자하는 초기의 비용과 적절한 시간에 대해 회의적일 것이다. 구조화된 과정의 보다 나은 업무수행은 이러한 회의론자들에게 보다 많은 이득을 가져다 줄 것이다.

### 2. 압축된 시간구조

과정이 진행되는 것을 일년 동안 꾸준히 바라보기보다는, 일주일 안에 그 시작이 어떻게 성공하는지를 보는 것이 나을 것이다. 이는 다음 순환을 시작하기에 앞서, 보다 나은 재조사, 반영, 그리고 조합된 배움을 가져다 줄 것이다.

### 3. 필요한 그룹기술의 발전

성과개선 과정에 필수요소는 기본적인 유추적 기술과 과정기술이다. 일반적인 관리가 개인의 기술을 관리하는 반면, 변혁관리는 조직의 기술을 필요로 한다. 보다 소규모로 문제를 시작하는 것은 쉽고 안전하게 (아직까지는 현실적인) 그들의 실질적 기술을 발휘할 수 있게 해준다.

| 유추적 기술 | 과정기술 | 결정기술 |
| --- | --- | --- |
| · 문제를 파악하다. | · 그룹의 간소화 | · 대안의 작성 |
| · 가정을 발전시키고 테스트 해 본다. | · 의견 공유 | · 손익계산 |
| · 자료들을 모으고 조합한다. | · 관리 충족 | · 위험도 측정 |
| | · 관리의 적용 | · 갈등해소 |

## 무엇이 이미 사용되고 있는가를 판단

당신은 출발점에서부터 시작하지 않아도 된다. 당신이 그 조직에서 사용할 수 있는 필수지식들에 대한 생각을 한번 경험해 보아라.

1. 일반적으로 커다란 성공을 거두었던 과거의 프로젝트들을 나열해 보아라. 그리고 그 프로젝트에 참석했던 리더나 동료들에게 왜 그 프로젝트가 성공했는지, 그리고 그들이 무엇을 했는지를 물어보아라.

2. 커다란 발전을 이룬 프로그램에 대해 생각해 보아라(예를 들어, 회사 차원에서의 품질향상 압력). 그 프로그램이 다른 노력으로도 성공할 수 있었는지를 조사해 보아라(예를 들어, 많은 품질프로그램들은 완벽하고, 순차적이며, 문제해결과정들을 포함하고 있다).

3. 관리훈련 프로그램과 그에 유용한 자료들을 확인해 보아라. 대부분의 조직들은 많은 양의 알맞은 자료들을 가지고 있을 것이다. 하지만 이러한 자료들이 실제적인 목표를 바탕으로 한 성과-개선 프로그램에 관심을 둔 것이 아니기 때문에 벌써 좋지 않은 결과를 냈을 것이다.

# 회상도

〈그림 4〉 구조화된 성과개선 과정을 통한 권한이양

| 주요 요소 | 일하는 이유 | 계속 일하는 이유 |
|---|---|---|
| 명확한 성과목표<br><br>잘 정비된 작업현장<br><br>적재적소에 인재 배치<br><br>명백한 관련과정<br><br>헌신적인 리더십 그룹<br><br>의사소통 | ■ 건설적인 참여를 위해 제공된 경로<br><br>■ 구기술과 신기술을 가져온 보완적 기술<br><br>■ 새 정보와 도구를 지닌 모든 사람들에 의해 촉진된 새로운 통찰력과 해결방안<br><br>■ 시험, 시도에 적합한 안전한 환경의 창조<br><br>■ 공동의 목적을 위해 통합된 노력 | ■ 할 수 있게 하는 : 신기술과 성공은 한 단계 더 나아가게끔 하는 자신감을 불러일으킨다.<br><br>■ 지레 작용적인 : 같은 과정은 다양한 분야에서 되풀이될 수 있다.<br><br>■ 기억할 만한 : 다음 번에는 처음부터 다시 시작할 필요가 없다.<br><br>■ 적용할 수 있는 : 여섯 가지 요소의 기본적인 틀 작업은 상황에 따라 달리 적용할 수 있다. |

▶ 구조화된 모든 성과개선 과정의 성공은, 제조공장에서 기계 하나와 관련하여 노력을 기울이는 단순한 문제로부터 광범위한 조직 재정비 노력에까지, 여기에 열거한 여섯 가지 요소들을 제대로 활용하느냐에 달려 있다.

# CHAPTER 5

# 과 정(Process)

### - 모든 변혁노력은 고객접점에서 시작하라 -

## 과정 평가

업무과정이 고객의 요구를 얼마나 충족시킬 수 있는가?

다음 질문에 답하라.

1. 만약 당신이 주요 고객을 잃거나 전반적인 판매에서 커다란 하락
   세라면, 당신은 어떻게 그리고 언제 그 사실을 알게 될 것인가?

   a. 고객 또는 도매/소매업자들로부터
   b. 고객 또는 도매/소매업자들로부터 그 이야기를 들었던 조직체의
      한 임원으로부터(예를 들어, 주요 판매책)
   c. 당신 조직체의 한 사람으로부터 그것을 들었던 사람
   d. 당신의 상관으로부터
   e. 정규적인 판매 또는 소득 보고서로부터

2. 적용가능한 답만 작성하라.

① 당신이 고객들과 자연적으로 접촉하는 그룹 혹은 판매, 마케팅 업무를 한다면, 당신은 언제 고객들의 요구사항에 대해 이야기하고, 고객들은 당신의 상품과 서비스, 그리고 경쟁자들에 대한 가치를 어떻게 평가하겠는가?

    a. 정기적인 판매 혹은 서비스 전달과는 별도로 전체적으로 대화/인터뷰를 심의한다.

    b. 그들이 어떤 문제에 이의를 제기할 때만 평가를 한다.

    c. 때때로 판매발표를 하는 과정에서, 판매를 촉진하거나 고객에게 서비스할 때만 평가한다

    d. 매우 드물다. 하찮은 일에 신경 쓸 시간이 없다.

② 만약 당신이 고객과의 접촉을 갖는 그룹 안에 속해 있지 않다면, 당신의 업무그룹에서 몇 퍼센트의 사람이 ①에서 언급한 주제를 토론하기 위해 작년에 직접 고객들을 만났는가?

    a. 91~100%

    b. 51~90%

    c. 11~50%

    d. 0~10%

3. 당신의 조직은 업무기능적 계급을 고려했을 때 어떠한가?

    a. 업무기능은 여전히 존재하나, 주로 편안함과 전문지식의 깊이

를 더욱 개발하기 위해 존재한다. 대부분의 판에 박힌 일과 문
제점들은 팀, 업무그룹, 그리고 다른 방법들을 통해 기능을 발
휘한다.

b. 기능적인 조직이지만, 커다란 문제나 기회가 발생할 때에만 효과
적인 연계-기능적 조직을 통해 문제해결을 한다.

c. 고도의 기능조직 : 연계-기능적 문제가 발생할 때에만 '수평상승
적(cross and over, 위로는 당신의 상관과 수평으로는 당신의 동
료)' 으로 일을 한다. 많은 일들과 기회가 발생하는 과정에서 많이
수포로 돌아간다.

4. 문제해결과 성과향상을 위해 당신의 조직은 업무 연계기능을 얼마
나 잘 수행하는가? 가장 적합한 답에 체크하라.

|  | 전반적으로<br>진실 | 부분적으로<br>진실 | 모두 거짓 |
|---|---|---|---|
| a. 다른 기능으로 효과적인 일을 하는 사람들과의 비공식적인 일에는 아주 나쁜 업무관계를 맺고 있다. | ___ | ___ | ___ |
| b. 다른 기능과 관련된 문제들이 발생할 때, 내가 취하는 행동은 나의 상관에게 조언을 구하는 것이다. | ___ | ___ | ___ |
| c. 다른 기능을 하는 사람들과 함께 일할 때, 내부절차, 권력싸움, 또는 고객들을 돕거나 업무성과를 향상시키지 않는 일 등에 주로 많은 시간을 할애한다. | ___ | ___ | ___ |

d. 교차업무 과업팀이나 조직에 참여
   할 때, 나는 나의 역할을 기능, 부서,
   또는 조직의 이익을 제시하거나 보
   호하는 것으로 주로 간주한다.　　　＿＿＿＿　＿＿＿＿　＿＿＿＿

5. 업무과정 재설계와 재조정, 업무성과관리, 또는 이와 비슷한 일에
   있어, 당신의 조직이 노력한 결과에 대해 묘사하여라.

   a. 진정으로 고객들에 대한 새로운 관심을 가져야 할 것이다. 우리
      는 좀더 잘, 빨리, 그리고 최소한의 비용으로 우리의 기존 사업방
      식을 바꿔야 할 것이다. 우리의 사업방식에 변화를 줌으로써 비
      용을 덜 들게 한다.
   b. 비용과 종업원의 수는 줄었다. 하지만 고객들은 언제나 가치가
      있다.
   c. 비용과 종업원의 수는 줄었다. 고객들의 가치도 줄었을 것이다.
   d. 더 많은 미팅, 탁상공론, 조직을 혼란시키는 일 외에는 아무것도
      변한 것이 없다.
   e. 아무런 노력도 없다. 고객들에 대한 가치에 전혀 변화가 없다.

## 채 점

표를 이용하여 채점하고 총점을 구하라.

| 대답 | 문제 | | | | | | | |
|---|---|---|---|---|---|---|---|---|
| | 1. | 2.①* | 2.② | 3. | 4. 전반적으로 진실 | 부분적으로 진실 | 모두 거짓 | 5. |
| a. | 5 | 5 | 5 | 5 | 각 표시당 0점 | 각 표시당 1점 | 각 표시당 2점 | 5 |
| b. | 3 | 3 | 3 | 3 | | | | 3 |
| c. | 2 | 1 | 1 | 1 | | | | 0 |
| d. | 1 | 0 | 0 | | | | | 0 |
| e. | 0 | | | | | | | 1 |

*오직 한 부분만 채점

당신의 총점은? _______

## 채점 평가

· 당신과 당신의 조직은 기능적인 면을 넣어서 생각하고 행동할 수
  있는 능력을 가지고 있으며, 과정적인 면에서도 고객들보다 더 잘
  볼 수 있는 능력을 가지고 있다. 고객들에게 더 좋은 가치를 전해
  주기 위해 그 능력을 계속해서 사용해라.                    (22~28점)

· 고객들에 대한 당신의 견해는 제한되어 있고, 교차기능적인 면 또
  한 제한되어 있다. 업무성과를 증진시키기 위해 교차기능적으로
  일을 하고, 하나의 문제에 하나의 기회를 적용하여 업무가 제대로
  이루어지게 하여라.                                      (6~21점)

· 당신의 기능적 계급제도는 더 저렴하고 신속한 가치를 고객들에게
  제공하는 데 저해가 되고 있다.                            (0~5점)

# 행동이행

'과정'에 대한 생각은 거대하고 고도의 재설계 프로그램을 요구하지 않는다. 이보다는 간단함이 더 중요한데, 이 간단함이란 ① 고객의 파악, ② 전반적인 일의 흐름 파악, ③ 문제해결을 위한 교차기능의 수행이다. 이러한 과정들은 중간관리자가 시작할 수 있는 과정들이다.

## *고객의 파악*

당신이 매우 잘 알고 있는 고객들을 선정하여라. 롱아일랜드 슈퍼마켓의 사례를 참조하여라.

a. 보다 더 나은 고객들의 가치를 규정하는 요소들을 나열하여 보아라 (당신이 전달할 수 없지만 당신의 경쟁자가 할 수 있는 것이라도).
b. 당신이 이러한 요소를 고객들에게 얼마나 잘 전달하는지 평가해 보아라(1 : 저조, 5 : 매우 잘됨 등으로)
c. 당신의 성적이 나쁘게 나왔을 때, 고객의 가치를 고려하여 업무성과를 가장 향상시킬 수 있는 두 가지 요소를 제시해 보아라.

| 롱아일랜드 슈퍼마켓의 경우(고객분류 : 주말 쇼핑객들) | | |
|---|---|---|
| a. 고객가치의 요소 | b. 순위 | c. 발전을 위한 행동 |
| 재빠른 계산 | 2 | · 고객들이 물건을 잘 실을 수 있도록 계산대의 줄을 줄인다.<br>· '잘못된 가격'이라고 적힌 물품을 줄인다. |
| 깨끗한 복도 | 1 | · 고객들이 너무 많을 때는 재고관리 스케줄을 조정하라.<br>· 재고품 짐수레의 규모와 양을 줄여라. |
| 좋은 쇼핑카트 | 3 | · 관리프로그램을 실시하라.<br>· 주차장에서 쇼핑카트를 가져올 때 파손을 줄여라(카트들은 보통 차에 부딪친다). |

## 전반적인 일의 흐름 파악

이제, 업무과정과 기회도(opportunity map)를 조합해 보아라.

a. 당신의 지식을 토대로, 기본 업무과정절차를 구상해 보아라. 또한 앞서 작성한 고객가치 리스트를 근거로 고객에게 전달되는 과정을 구상해 보아라.

b. 일련의 업무과정을 제외한 기능 또는 지위와 관련된 연계가능성을 밝혀보아라.

c. 고객욕구증진 행동(표에 나타난)과 업무과정절차를 연관시켜 보아라.

d. 당신이 생각한 업무개선 행동이 왜 잘 이루어지지 않았는지 밝혀 보아라.

| 주말 쇼핑 과정 | C. 고객욕구증진 행동 | D. 문제/나태의 발생가능 이유 |
|---|---|---|
| A. 주차하기<br>B. 건물과 지하관리자<br>(Grounds Supt.)<br>↓ | | |
| 일 시작하기<br>(쇼핑카트)<br>재고관계자(Stocker)<br>↓ | · 관리프로그램 시작<br>· 주차장에서 카트 옮기기 | · 누구의 책임도 없다(매장관리자를 제외하고는).<br>· 마켓에서 카트가 모자랄 때나 고객이 불평을 할 때, 재고관계자는 단지 자리를 피한다.<br>· 고객은 카트를 제자리에 놓지 않는다. 왜냐하면 너무 멀기 때문이고, 노면이 잘 포장되어 있지 않고 누가 시키지도 않으며 '내가 왜 해' 라는 생각 때문에. |
| 복도를 따라 쇼핑하기<br>재고관리자(Stocking Mgr.), 재고관계자<br>↓ | · 손님이 가장 많은 시간에는 재고관리 스케줄을 피한다.<br>· 짐수레의 크기와 짐의 양을 줄인다. | · 업무시간 이외의 근무와 야간 근무를 피한다.<br>· 능률성의 압박(휴식부족) |
| 계산대 지나기<br>보조관리자, 계산원,<br><br>경영정보서비스 관리자<br>(MIS Mgr.), 재고관계자<br>↓<br><br>기타 등등 | · 보다 짧은 계산대 줄을 유지하기 위해 고객의 짐을 적당히 맞춘다.<br><br>· '잘못된 가격' 이라고 적혀 있는 품목 제거 | · 계산원으로서 훈련을 제대로 받지 못했다.<br>· 직원들은 보조관리자들이 도와주기를 기다린다. 보조관리자들은 너무 바빠서 계산대 라인을 보지 못한다.<br>· 어떤 품목은 스캐너 자료가 없다.<br>· 바코드가 손상되었다.<br>· 확실치 않다. '잘못된 가격' 이라고 적혀 있는 품목이 많지는 않은가? 보다 정확한 데이터가 필요하다. |

## 문제해결을 위한 교차기능의 수행

이러한 신속한 분석을 활용하여, 당신과 가까운 관계를 유지하는 업무과정을 수행하는 직원과 대화를 나누어 보아라. 그들에게 당신의 생각과 사상을 전반적으로 얘기하고, 타부서의 사람과도 많은 대화를 통해 교차기능적인 사항에 대해 정확하게 이해한다. 대화할 때는 다음과 같은 것을 명심하라.

1. 고객들에게 초점을 맞추고 그들에게 무엇이 중요한가를 생각한다.
2. 다른 사람들의 기능적 결함에 초점을 맞추지 말라. 이것은 내적 부문별 비판이 아니다. 이 대화는 문제를 풀기 위한 주제로 시작해야 한다.
3. 당신이 일하는 분야의 결점들에 대해 솔직해라.
4. 당신이 말을 함으로써 당신의 분석을 조정하고, 다른 사람의 지식과 생각을 종합해라.
5. 당신이 함께 일하면서 파악할 수 있는 문제들에 중점을 두어서 일을 시작해야 하는데, 이러한 일은 조만간 실행가능하고 중요한 것이어야 한다.

| 전형적인 교차기능 개선행동 | | |
|---|---|---|
| ■ 소거 단계<br> · 불필요한 재검토/승인<br> · 대가 없이 추가되는 활동<br>■ 연합 단계<br> · 한 사람 또는 그룹에게 여러 업무를 위임 | ■ 순조로운 업무인계<br> · 실수를 방지<br> · 지연시간의 감소<br> · 모든 정보를 제공 | ■ 양질의 신속한 정보제공<br> · 선두에서의 의사결정<br> · 빠른 진행과정 속에서 실수를 간과 |

## 회상도

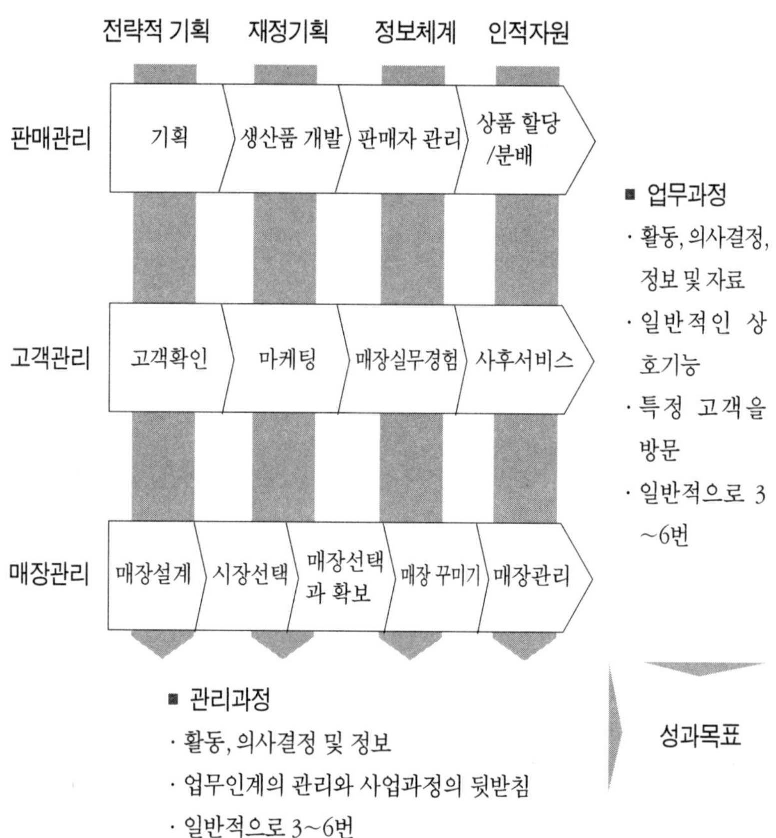


▶ 과정에 대한 근본적인 통찰력은 당신의 기업을 업무과정(고객의 가치를 향상시키는 행위와 정보의 흐름)과 관리과정(경영과정을 가능하게 하는 행위와 정보의 흐름)의 집합으로 보도록 해준다. 물론 이러한 과정들은 산업환경 속에서 다양화된다. 이러한 것이 소매촉진 과정에 대한 '일반적인' 관점이다.

# CHAPTER 6

# 속 도(Speed)

## – 유연한 조직으로 변화를 앞질러라 –

## 신속성과 유연성 평가

공식적이거나 임시변통의 구조들은 필수불가결한 변화에 어떻게 대처할 것인가?

RCL들은 성과를 향상시킬 수 있는 해결책으로 형식적인 조직구조를 사용하지는 않는다. 대신에, 그들은 이미 존재하고 있는 구조 속에서 사람들을 배치시키는 다양하고 유연한 접근방법을 사용한다. 다음과 같은 질문들을 통해, 당신은 이 모든 선택을 얼마나 잘 사용할 수 있는지를 파악할 수 있을 것이다.

다음 질문에 답하라.

1. 조직 내에서 가장 최근에 일어난 변화의 영향을 어떻게 정의하겠는가?

   a. 성과향상의 목표와 연관되어 있다. 그 목적과 의의 모두 명백하다.

b. 논리적으로 보이지만, 그에 따른 성과의 순이익에는 변화가 없다.

c. 또 다른 혼잡요인이라는 생각이 든다. 즉, 초점을 내부에 맞추면서 일시적으로 성과를 저하시킨다.

2. 최근에 다른 업무나 부서와 관련되어 있는 곤란한 문제에 직면한 경험을 생각해 보라. 당신은 어떻게 그 문제에 접근했는가?

a. 정식채널을 통해 상관에게 그 상황을 보고했다.

b. 다른 업무에 있는 사람들과 충분한 이야기를 나누면서 문제를 해결하고, 모두가 수용할 수 있는 해결책을 제시했다.

c. 교차기능적인 문제해결팀을 구성하여, 전반적으로 보다 나은 업무성과를 개발하였다.

3. 조직을 고려해 볼 때, 당신의 팀을 어떻게 성격지울 수 있는가?

a. 팀을 이용하지 않는다. 따라서 모든 일은 공식적 구조를 통해 관리된다.

b. 팀은 모든 새로운 일들을 위해 만들어진다. 모든 사람들은 몇몇 팀에 속해 있다. 팀을 제대로 실행시키기 위해서는 많은 시간과 배려가 주어져야 한다.

c. 대부분의 팀들은 단일리더집단으로 되어 있다. 진정한 팀이 더 필요한 시점이다.

d. 새로운 접근방법과 높은 성과가 필요한 곳에서 팀은 활용되어야 한다. 만약 다른 대안이 있다면, 단일리더집단과 역동적인 개인들도 다른 분야에서 활용될 수 있다.

4. 당신이 있는 (혹은 최근에 있었던) 팀의 노력에 대해 '예' 혹은 '아니오' 로 답하라.

예    아니오

   a. 우리 팀은 적정한 규모이다. 작은 규모는 의사 전달을 하기가 용이하며, 큰 규모는 다양한 사람들을 얻기가 쉽다. _____ _____

   b. 그룹 내에서, 우리는 필요한 기술들을 가지고 있거나 개발하고 있다. _____ _____

   c. 우리는 명백한 목표를 가지고 있다. 따라서, 목표를 달성하기 위해서는 동일한 업무과제를 함께 하기 위한 실질적인 업무가 필요하다. _____ _____

   d. 우리는 목표보다 더 크고 심오한 목적을 공유하고 있다. _____ _____

   e. 우리는 함께 일하고 문제점들을 다루는 방법을 가지고 있다. _____ _____

   f. 팀의 모든 구성원들은 개인적인 책임감이 분명하고, 팀의 전반적인 성공에 대해 공동책임을 진다. _____ _____

   g. 팀의 리더십은 공유되며, 불필요한 여론형성이 없이 적절하게 변화된다. _____ _____

## 채 점

표를 이용하여 채점하고 총점을 구하라.

| 문제 | | 1. | 2. | 3. | 4. 예 | 4. 아니오 |
|---|---|---|---|---|---|---|
| 대답 | a. | 5 | 0 | 0 | 1 | 0 |
| | b. | 2 | 2 | 2 | 1 | 0 |
| | c. | 0 | 5 | 3 | 1 | 0 |
| | d. | | | 5 | 1 | 0 |
| | e. | | | | 1 | 0 |
| | f. | | | | 1 | 0 |
| | g | | | | 1 | 0 |

당신의 총점은? ______

## 채점 평가

· 조직선택을 매우 효과적으로 이용하고 있다. 어떠한 상황에라도 쓸 수 있게끔 접근방법들을 다양화시켜라. (16~22점)

· 선택권을 일부 사용하지만, 훈련과 다양성이 요구된다. 접근방법을 확장시키되 이용에 주의하라. (6~15점)

· 전형적인 조직구조에 지나치게 의존하고 있다. 다른 접근방법들을 시도하지 않아서 성과가능성을 제한시키고 있다. (0~5점)

## 행동이행

중요변화의 관리는 사람들을 결합하고 조직화하는 방법에 대한 선택을 제시한다. 만약 평가 결과가 당신이 이용할 수 있는 많은 선택권들을 완전히 이용하지 않은 것으로 보여진다면, 다음의 요점들을 염두에 두자.

### *재조직의 재고(Reconsider Reorganizing)*

당신의 조직구조 내에서 변화에 대한 검토와 기획이 진행중이라면, 그것이 최선의 선택인지 결정하기 위해 다음 질문들에 답해 보아라.

예　아니오

· 재조직으로 연합된 뚜렷한 성과향상의 목표가 있는가?　＿＿＿　＿＿＿
· 만약 특정한 인물의 성격이나 성과에 문제가 발생
하지 않는다면 그것은 계속 필요한 것일까?　＿＿＿　＿＿＿
· 일선 현장의 사람들에게 뚜렷한 재조직의 목적은
그들과 (새로운 상관 또는 상관의 상관이 가진 것
과는 다른) 그들의 업무에 중요한 것이 되는가?　＿＿＿　＿＿＿
· 당신은 일반용어와 전문용어에 의존하지 않고 재
조직의 목적을 제시할 수 있는가?　＿＿＿　＿＿＿
　- 2년 내에 자동차 시장에서 25%를 점유하기 위해
　　마케팅과 엔지니어링 경험을 가진 새로운 그룹을
　　형성하는 중이다.
　- 시장상황과 능률적인 조직변화에 부응하기 위한
　　노력의 일환으로, 우리는 신중앙-아메리카 지구에

서 북동과 중서부 지구를 구조개혁하고 있다.

· 모든 사람이 고객과 접촉하는 일선에 더 가까워졌
  는가?

· 그것이 기능을 임원에서 생산라인으로 옮기는가?　　——　　——

· 그것이 고객들 중 독특한 집단에 초점을 맞추어
  사람들을 더 작은 부서로 재편성하는가?　　——　　——

## 제휴와 대안의 정렬

조직구조의 변화는 변화를 일으키기 위한 더 빠르고 쉬운 방법으로
보여진다. 그러나, 좀처럼 효과적이지는 않다. RCL들은 조직의 제휴를
추진하고 제대로 된 일을 하는 사람들을 얻기 위해서 폭넓은 범위에서
선택을 하게 된다. 구조적으로 재조직하기 전에, 두 개의 대안을 동일하
게 생각해야 할 것이다.

| 접근방법 | 접근방법 적용 |
| --- | --- |
| · 명확한 성과목표 | · 집중력과 책임감 부족 |
| · 현장 비전 | · 전체적 방향과 목적 설정의 부재 |
| · 성과개선 과정 | · 문제는 인지하였지만, 어디에서 시작하고 다음에 무엇을 할 것인가 하는 명확한 경로가 부재 |
| · 업무과정의 재설계 | · 조직기능의 강조가 고객에게 가치 전달하는 것을 방해 |
| · 관리과정의 재설계 | · 내부 시행과 절차가 성과개선 목표와 상반됨 |
| · 유연한 조직구조 | · 조직구조상 수용능력 밖의 특이한 주제와 기회들 |

## 광범위한 선택권을 사용

다음으로 당신은 특정한 문제를 해결하거나 새로운 기회를 실현하도록 조직구성원들을 조직할 수 있는 최상의 방법을 결정해야 한다. 가장 탄력적인 조직부서가 될 수 있는 것을 체크리스트를 사용하여 고려해 보도록 한다.

| | 진정한 팀 | 단일리더집단 | 역동적인 개인 |
|---|---|---|---|
| · 약간의 성과보다 시간이 필수 | | ■ | ■ |
| · 성과의 개인적 합산보다는 획기적 성과가 요구된다. | ■ | | |
| · 유사한 성격의 문제/기회 : 일전에 성공적으로 수행했던 작업에 기초 | | ■ | |
| · 문제/기회가 새로운 국면을 맞았을 때 명확한 해답이 존재하지 않는다. : 조건과 목표가 변화할 수 있다. | ■ | | |
| · 사람을 모으기 위한 협동과 정보 공유 | | ■ | |
| · 목표를 분해하여 개인에게 할당 | | ■ | ■ |
| · 기술의 조합, 긴밀한 협력관계가 필요하다. | ■ | | |
| · 사람들은 혼자서도 일을 해낼 수 있고, 기존의 기술과 지식을 사용할 수도 있다. | | ■ | |
| · 강력한 리더는 무엇을 해야 하는지 알고, 개인적 작업성과를 통합할 수 있어야 한다. | | ■ | ■ |
| · 일을 끝내기 위해 많은 사람이 필요 | | ■ | |

· 높은 열정과, 전통을 깨고 일을 추
  진할 수 있는 능력이 필요하다.

## 팀의 기초에 주력

당신이 조직부서에서 진정한 팀을 택했다면, 팀의 6가지 기본원리를 지
키고 실행할 때에 이익이 있을 것이다. 출발점으로서, 당신은 다음과 같은
질문들을 정기적으로 팀구성원들에게 하여 팀을 테스트해 보도록 한다.

| 팀의 기초 | 질 문 |
| --- | --- |
| 1. 적은 수의 구성원 | · 쉽고, 자주 모을 수 있는가?<br>· 각자 타인의 역할과 기술을 알고 있는가? |
| 2. 적당한 수준의 보완 기술 | · 팀 성과의 실수에 비판적인 기술분야가 있는가?<br>· 자체 혹은 타인의 기술개발을 위해 투자하려는 사람들이 있는가? |
| 3. 진실한 목적 | · 단기 목표를 대체할 만한 광범하고 심오한 것이 있는가?<br>· 구성원들에 의해 자주 언급되고, 적용방안이 탐구되는가?<br>· 존재하지 않는다면, 구성원들이 중요성을 인식하고 있는가? |
| 4. 독특한 목표 | · 명확하고 간단하고 측정가능한가?<br>· 야망적이면서도 현실적인가?<br>· 접근방법이 모든 사람에게 명확히 인식되어 있는가? |
| 5. 명확한 작업접근방법 | · 목표달성을 할 수 있는가?<br>· 구성원의 기술향상을 가져올 수 있는가?<br>· 모든 구성원이 동등한 작업성과를 올릴 수 있는가? |
| 6. 쌍방책임감 | · 팀의 목적, 목표, 작업물에 대해 개별적인 책임이 부여되었는가?<br>· 전체적인 혹은 부분적인 책임을 지는 것에 대해 정확히 알고 있는가?<br>· '단지 그 팀만이 할 수 있는 것' 이라 생각하는가? |

# 회상도

<図>〈그림 6〉 팀의 성과곡선</図>

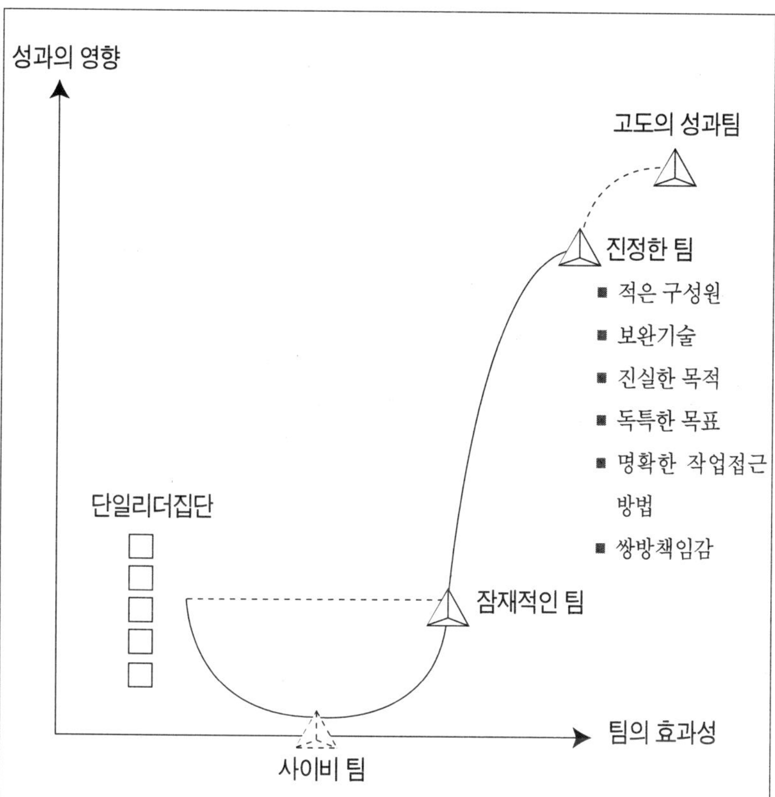


▶ 팀이라 불리는 모든 조직이 한 사람의 리더에 의해 운영되는 조직보다 우수한 것은 아니다. A라는 사이비 팀은 단일리더집단보다 훨씬 적은 생산량을 보일 것이다(그들은 본질적으로 단일리더집단에서 일한다). A라는 잠재적인 팀은 팀의 근간을 위해 노력하고 업무향상을 목표로 하지만, 역시 단일리더집단보다 적은 생산량을 보일 것이다. A라는 진정한 팀은 항상 다른 팀보다 우수한 업무팀이다. 드물겠지만, 이 팀은 각 구성원의 성장과 발전을 위해 어려운 조건을 극복한다. 이러한 고도의 성과팀이 특별한 업무성과를 창출한다.

# CHAPTER 7

# 가속도(Momentum)

− 성과유지를 위한 지속적인 동기부여 −

## 가속도 평가

당신은 변화를 더 빨리, 확장적으로, 그리고 지속적으로 진행시킬 수 있는 적절한 행동을 하고 있는가?

다음 질문에 답하라.

1. 당신이 영향력을 행사할 수 있는 분야에서 업무성과에 대해 생각해 보아라.

   ① 작년보다 올해엔 얼마나 많은 분야에서 보다 더 저렴한 비용으로 고객들에게 더 나은 가치를 인정받았는가?

   a. 최대한 : 우리는 왜 다른 분야에서는 그렇게 하지 못했는가에 대해 조사하고 있다.
   b. 반 정도 : 현재 이 분야를 더욱 잘 유지시킬 수 있는 방법을 연구하고 있다.

　　c. 조금 : 사실은 거의 예외다.

　　d. 전혀 없다 : 현상유지 또는 더욱 악화되고 있다.

② 얼마나 많은 변화에 대한 동기(Change Initiative)가 실질적이고 측정가능한 성과향상을 야기하였는가?

　　a. 최대한 : 조직의 규모가 커짐에 따라 약간의 실패도 있었다.

　　b. 전부 : 실질적인 향상을 볼 수 있다.

　　c. 약간 : 약간 성과향상도 있었고, 그 결과 많은 것을 배웠다.

　　d. 전혀 없다 : 노력했지만 결과가 보이지 않는다.

　　e. 전혀 없다 : 시작하지도 않았다.

2. 성과향상을 위한 문제해결에 사람들을 투입하는 데 필요한 변화수단들의 리스트를 작성하여라. 얼마나 많은 변화수단들이 리스트에 기재되어 있는가?

　　a. 여섯이나 그 이상 : 상황에 따라 사용할 수 있는 것이다.

　　b. 셋이나 넷 : 점차 그 수단들에 대해 배워가고 있다.

　　c. 하나 혹은 둘 : 어떠한 경우에도 시도해 보지 않았다.

　　d. 없다 : 시간이 흐름에 따라 더욱 악화되고 있다.

3. 작년에 성과향상을 위해 조직 내에서 변화수단을 사용한 사람들이 몇 % 정도인가?

　　a. 50% 이상　　　　　　b. 20~50%

　　c. 20% 미만　　　　　　d. 없다.

4. 당신이 성장의 기회를 제공해 준 잠재적 RCL들은 몇이나 되는가?

   a. 여섯 명 혹은 그 이상
   b. 소수
   c. 한 명이나 두 명
   d. 없다.

## 채 점

표를 이용하여 채점하고 총점을 구하라.

| 문제 | 1.① | 1.② | 2. | 3. | 4. |
|---|---|---|---|---|---|
| 대답 a. | 5 | 5 | 5 | 5 | 5 |
| b. | 3 | 4 | 2 | 3 | 3 |
| c. | 1 | 3 | 1 | 1 | 1 |
| d. | 0 | 1 | 0 | 0 | 0 |
| e. | | 0 | | | |

당신의 총점은? ________

## 채점 평가

· 당신의 변화프로그램은 중요한 수준에 도달해 있다. 그것은 지속
적인 향상을 위한 가속도와 능력을 만들어줄 수 있다. (19~25점)
· 당신의 변화를 위한 노력은 약간의 이득을 창출하지만, 진보와 지

속력이 더욱 요구된다.       (5~18점)

· 당신은 변화가 멈춘 상태에서 출발하고 있다. 타성과 저항을 극복하려면 많은 에너지가 필요하다. 작은 부분이라도 실현가능한 성공을 얻는 데 우선 초점을 맞추면 당신은 할 수 있다고 기대된다.

(0~4점)

# 행동이행

## 업무수단의 확장

구조화, 증명 또는 반복가능한 변화목표를 달성할 수 있는 변화수단에 대해 생각해 보아라. 기술, 접근방법, 순서, 과정과 구성체계, 이 모두가 다음과 같은 정의하에 책임지워진다. 목공 혹은 자동차 기계공의 도구가 모든 일을 할 수는 없다. RCL들은 빠른 시일 안에 업무에 적합한 다양한 수단들을 생각해내야 한다. 어떤 수단은 그것을 적용할 때 매우 단순하고 제한적이다. 또 어떤 수단은 광범위하고 복잡한 변혁관리를 위한 도구들의 조합이기도 하다.

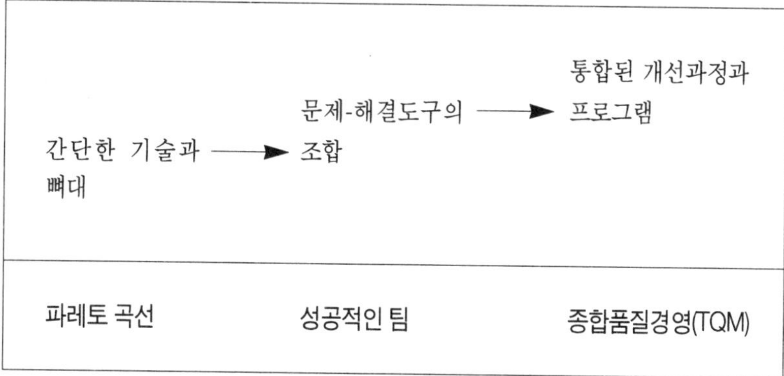

변혁관리의 끊임없는 강조는 몇몇 새로운 도구들을 쇠퇴시키거나 이전에 사용하였던 도구들을 잊게 하기도 한다. RCL로서 거듭나기 위해서는 의식적으로나 일차적으로 당신의 도구를 확장시켜야 할 것이다.

a. 변화에 대한 당신의 최근 노력에 대해 생각해 보고, 잃어버렸거나 하고 있지 않은 것을 유념해 보아라. 도움을 줄 수 있는 여러 종류의 도구가 현재 있든 없든 간에 한번 생각해 보아라. 그리고나서 당신이 파악한 필요성을 중점으로 하여 수단 검색에 나서라.

- 유사한 상황에서 사용되었던 도구와 방법들에 대해 당신이 알고 있는 것을 다른 RCL들에게 물어본다.
- 고객, 매각인(vendor), 유사산업, 그리고 회사 내부의 다른 부서로부터 변화동기를 살펴보아라. 그들이 업무상 과장해서 말하는 것은 받아들이지 말고 업무가 어떻게 완수되는지를 확인하기 위해 실질적인 업무과정에 관해서 물어보아라.
- 새로운 아이디어를 위해 변화에 대한 것(책, 기사, 세미나, 훈련자료 등)들을 자세하게 조사해 본다. 모든 프로그램을 억지로 선택하지는 말아라. 당신이 처한 부분적인 업무상황 속에서 찾도록 하여라.

b. 만약 당신이 최근에 어떤 변화도 주도하지 못했다면, 변화를 주도할 수 있는 기회들을 찾아보아라. 특히 문제점들을 다루어 보고 당신이 잘 알지 못하는 것과 익숙해지도록 노력해 본다.

## 과업과 도구의 조화

새로운 상황마다 당신은 적절한 도구를 사용할 것인지를 평가해야 한다. 이는 당신의 팀이 직면한 데이터가 올바른 구조로 정렬되어 있다면 매우 간단할 것이고, 고객만족을 증진시키기 위한 재설계가 성과향상을 위한 최선의 방법이라면 매우 복잡할 것이다. 여기서는 그러한 평가를 할 때, 고려해야 할 몇 가지 주요 요인들을 정리한다.

| 요 인 | 가능한 상황 | 적절한 행동과 도구 |
|---|---|---|
| 이용가능시간 | ■ 적은 이용가능시간 | · 명확하고 하향식 명령<br>· 필요한 기술의 도입/차용<br>· 변화경험자, 준비자에게 일임<br>· 단일리더집단을 활용 |
| 성과격차 | ■ 큰 성과격차, 새로운 해결책<br> 필요, 합리적인 이용가능시간 | · 진정한 팀의 활용 : 팀단위의 관심<br>· 광의의 실무분야 정의 |
| 규 모 | ■ 많은 사람들의 참여 | · 최고경영진의 확실한 지원<br>· 주의 깊은 기획의사소통<br>· 보다 형식적이고 일괄적인 훈련제공<br>· 협의의 실무분야 정의(누가 무엇을 하는가)<br>· 논리적인 조정과 능력별 진전 |
| 범 위 | ■ 많은 이산적 기능의 내포<br> 또는 작용 | · 교차기능적으로 설계된 단일리더집단과 진정한 팀의 활용<br>· 일반적인 문제해결 접근방법과 언어의 확립 |
| 준비성 | ■ 낮은 총점<br> · 인식  · 확신<br> · 능력  · 용기 | · 신속성을 위한 경영과 업무성과 격차의 일반적인 이해 확립(활기찬 플랫폼)<br>· 초기 현장 비전의 설계<br>· 초기 목적달성과 '효과적인 사이클' 달성을 위한 소규모 조직을 중점화<br>· 조직내 여론 리더 포함 |

| | | |
|---|---|---|
| 자료 유효성 | ■ 이용불가 또는 접근이 불<br>가능한 자료 | · 판단과 경험의 의존도 증가<br>· 극도의 자료접근방법의 사용 급조<br>· 외부전문가 기용(예를 들어, 컨<br>설턴트 등) |
| 명확한 해결책 | ■ 매우 복잡한 문제와 새로<br>운 토대를 깨뜨리는 것 :<br>거의 존재하지 않는 자료<br>(하지만 접근가능) | · 자료수집과 분석, 가설검증 등<br>을 위한 탁월한 기술 제공<br>· 모호성을 제거하고, 문제의 시<br>작에 좀더 신중<br>· 유연한 접근(또는 다양한 접근) |

만약 독자들이 마음 속에 이러한 요인들을 가지고 있다면, 당신은 주어진 접근방법이 옳든 그르든 최근의 변화에 대한 도전이 적당하다는 평가를 내릴 수 있다. 최근 몇 년 동안 많은 성과향상과정들이 발달되었고 때로는 성공적이기도 했다. 장점은 이러한 발전이 RCL들에게 향상할 수 있다는 생각을 제시하였고, 단점은 RCL들이 잘못된 상황에서 최근 유행하고 있는 접근방법을 사용하거나, 어떠한 상황에서도 동일한 접근방법을 사용함으로써 실패한다는 것이다.

장점과 단점 및 각 과정의 적절한 상황을 최근의 변화상황과 관련지어 볼 때, 당신은 효과적인 선택을 할 수가 있다. 예를 들어, 표에서 다룬 다수의 요인들이 해결의 열쇠가 될 수 있는 일반적인 다섯 가지 성과향상과정들에 대한 평가가 있다. 당신이 고려할 수 있는 접근방법에 대해서도 비슷한 평가를 할 수 있을 것이다.

| 구조화된 성과향상과정 | 적절한 조건($\uparrow$)과 장점(+) | 부적절한 조건($\downarrow$)과 잠재적 함정(-) |
| --- | --- | --- |
| 품질프로그램(예 : TQM)<br>엄중한 측정과 체계적인<br>원인분석으로 인한 점진적<br>인 성과향상 | ($\uparrow$) 배울 수 있는 시간<br>($\uparrow$) 신속히 측정가능한 과<br>　　정과 산출<br>(+) 기술과 지식 습득<br>(+) 지속적인 향상 | ($\downarrow$) 특성이 없는 문제<br>($\downarrow$) 급격한 환경의 변화<br>(-)　개념과 목표와의 조화<br>(-)　행동과 성과의 집중 |
| 돌격팀<br>소규모의 교차기능적인 팀<br>들은 6~8주 안에 획기적<br>인 진전을 이룰 아주 잘 정<br>리된 문제를 공격한다. | ($\uparrow$) 잘 규명된 문제<br>($\uparrow$) 좋은 자료의 유효성<br>(+)　예리한 목표 정의<br>(+)　자신감을 얻는 초기 승리<br>(+)　신속한 모방(많은 문제<br>　　들을 다루는 많은 팀들) | ($\downarrow$) 크고, 복잡한 문제<br>($\downarrow$) 지속적인 지도와 순환시기<br>(-)　초기 수입 이상 유지 |
| 리엔지니어링<br>작업흐름의 비용, 질, 속도<br>를 고객의 입장에서 새로<br>정의하고 재설계 | ($\uparrow$) 교차기능적인 문제와 기회<br>($\uparrow$) 정보주도의 행동 진행<br>(+)　내부에서 외부로 관점의 전환<br>(+)　비용과 시간의 절약과, 복<br>　　잡한 상황에서의 품질향상 | ($\downarrow$) 불명확한 전략 (고객의<br>　　요구와 제공)<br>(-)　비틀기와 껍질벗기기 대 근본<br>　　적인 발상의 전환과 재디자인<br>(-)　머릿수 세기와 비용절감 |
| 워크아웃(GE 사)<br>일선 근로자들은 가치가<br>적은 일과, 실시간에 표현<br>해야 할 관리를 저해하는<br>장애물에 대해 문제를 제<br>기한다. | ($\uparrow$) 중간관리자가 아래로<br>　　부터의 변화 차단<br>($\uparrow$) 초기의 의사소통과 인<br>　　식의 구축<br>(+)　행동에 초점을 맞추어<br>(+)　근로자들에 대한 격려 | ($\downarrow$) 최고경영진의 불충분한<br>　　리더십은 중간관리자를<br>　　방해할 것이다.<br>($\downarrow$) 고도의 긴급상황 : 제한된 시간 |
| 작업장 재설계<br>성과를 향상시키고 업무만<br>족도를 높이기 위해 팀들<br>은 조직과 업무과정을 재<br>설계한다. | ($\uparrow$) 충분한 이용가능시간<br>($\uparrow$) 고용(직업이 아닌) 안<br>　　정성 향상<br>($\uparrow$) 적극적이고 숙련된작업능력<br>(+)　기술과 몰입의 구축<br>(+)　지속적 성장 | ($\downarrow$) 광범위하고 복잡한 문제들<br>($\downarrow$) 명확하지 않고 자연스런<br>　　작업그룹<br>($\downarrow$) 보다 광범위한 전략 정리<br>(-)　내수시장에 주력 |

## 조심스런 진보

당신이 최근에 성과향상 프로그램의 동기부여로 성공을 거두었다면, 그것이 어떻게 가능할 수 있었는지 생각해 보아라.

■ 새로운 영역
당신의 동기부여를 가능하게 한 세 가지 방법을 열거하라. 예를 들면,

· 보다 확장된 규모? 새로운 접근을 시도하려는 비슷한 부서/지점이 있는가(예를 들어, 지점이나 다른 공장)?

1. ___________
___________
___________

· 보다 넓은 범위? 보다 큰 이슈들을 상의하기 위해 다른 기능들을 도입해야 할 시기인가?

2. ___________
___________

· 보다 어려운 문제? 시작동기를 성공화하기 위해서는 쉬운 일부터 해결하는 것이 우선시될 수 있다. 기회를 포착하는 데 당신이 지금 가지고 있는 기술과 경험에 어려움이 있는가?

3. ___________
___________
___________
___________

■ 확장된 리더십
새로운 리더십 수용력을 증가시키는 방법을 생각해 보아라.

· 더 큰 역할을 수행할 수 있는 구성원이 포함되어 있는가?

___________
___________

· 새로운 구성원을 포함시키는 데 비판적이었던 사람은 누구였나?

___________

· 그들은 확신, 역량, 용기 등 필수요건을 가지
  고 있는가?
· 어떻게 이러한 기회를 명확히 하고 사람들
  에게 이 방법이 향상을 위한 것임을 보여 주
  겠는가?

■ 적응력의 필요성

새로운 기회는 당신이 방금 추구하기 시작했
던 것과 어떻게 다른지를 생각해 보아라.

· 어떤 점에서 다른가(예를 들어, 보다 넓은
  규모나 범위, 그리고 보다 어려운 문제 등)?
· 어떻게 당신의 접근방법과 도구들을 바꾸었
  는가?
· 필요한 새로운 도구는 무엇인가?

## 다양한 시작동기의 균형

개인적인 변화동기는 단지 조직의 한 범위나 공간에만 관련되어 있지
만, 조직의 모든 변화프로그램은 세 가지 차원에 걸쳐서 균형을 이루고
있어야 한다. 즉, 상향식(top-down), 하향식(bottom-up), 교차기능
(cross-functional)이 그것이다. 그러한 모든 디자인은 우리의 영역을 벗
어난 것처럼 여겨지지만, 당신의 새로운 동기부여와, 균형을 위한 사상
과 통찰력은 그 조직의 최고경영진이 전반적인 변화프로그램을 작성하
는 데 커다란 도움을 줄 수 있다.

이 세 가지 차원을 배경으로 당신이 알고 있는 최근의 시작동기들을
정리해 보도록 한다. 추가되거나 수정 또는 새로운 방향이 필요한 것, 혹

은 정지해야 할 것에 대한 당신의 아이디어를 이용해 본다. 다음으로 동료 RCL들과 함께 당신의 계획과 생각들을 공유하도록 시도하면서, 당신의 검토사항을 기초로 하여 상황을 세밀하게 재구성해 본다. 당신은 당신의 시작노력이 변화프로그램의 전반적인 평가와 새로운 방향설정에 필요하다는 것을 발견하게 될 것이다.

| | | 현재 | 필요 |
|---|---|---|---|
| | **■ 상향식 방향설정** | | |
| | · 초점을 제공, 총체적 비전 | ______ | ______ |
| | · 목표설정 | ______ | ______ |
| | · 전체 프로그램 설계 | ______ | 정지 |
| | · 업무장애물 제거 | ______ | ______ |
| | · 자원의 제공 | ______ | ______ |
| | · 의제의 상호교환 : 수단의 개발 | ______ | ______ |
| | **■ 교차기능과정 설계** | 현재 | 필요 |
| | · 주요한 성과향상을 방해하는 업무상, 관리상의 과정흐름 | ______ | ______ |
| | · 성과의 급진적인 향상을 가져올 수 있는 새로운 방식의 활동과 정보 결합 | ______ | 정지 |
| | **■ 하향식 성과향상** | 현재 | 필요 |
| | · 단위별 설계, 팀위주의 문제해결 | ______ | ______ |
| |   - 작업재설계 | ______ | ______ |
| |   - 기술개발 | ______ | 정지 |
| |   - 목표설정 및 성취 | ______ | ______ |

# 회상도

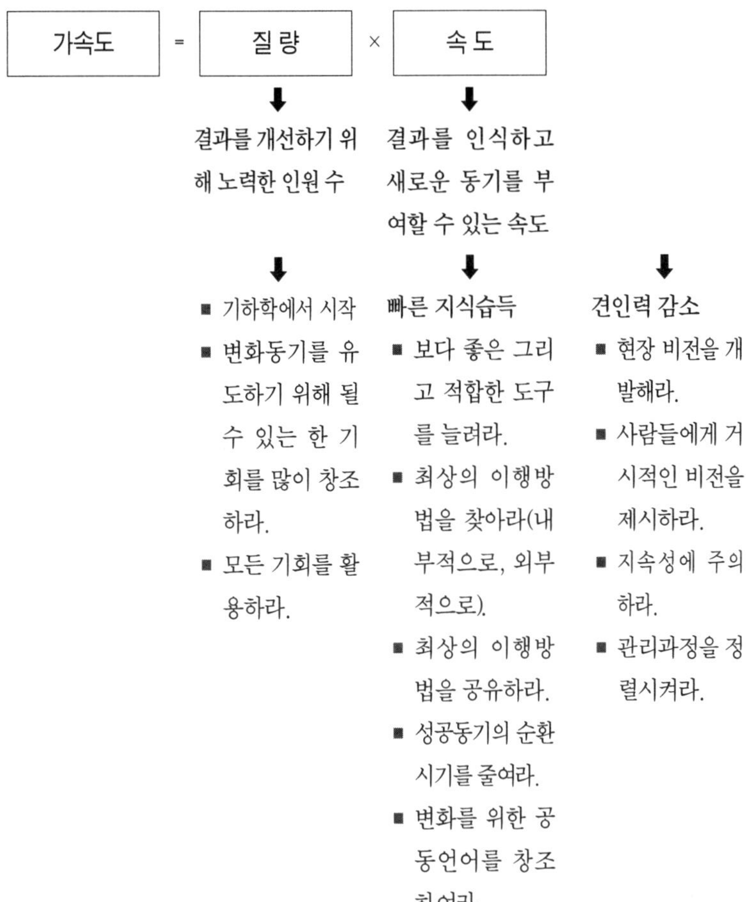



▶ RCL로서 당신은 조직의 성공을 위해, 조직의 성과를 향상시키고 능력을 증진시키려고 노력해야 한다. 이러한 노력은 결국에 보다 나은 성과향상을 가져올 것이다. 뉴턴에게 미안한 마음을 가지며, 이러한 공식을 꼭 기억해 주길 바란다.

# 한언의 사명선언문

一. 우리는 새로운 지식을 창출, 전파하여 전 인류가 이를
　　공유케 함으로써 인류문화의 발전과 평화에 이바지한다.

一. 우리는 끊임없이 학습하는 조직으로서 자신과 조직의
　　발전을 위해 쉼없이 노력하며, 궁극적으로는 세계 최고의
　　출판사를 지향한다.

一. 우리는 정신적, 물질적으로 세계 초일류 출판사에 걸맞는
　　최고 수준의 복지를 실현하기 위해 노력하며, 명실공히
　　초일류 사원들의 집합체로서 부끄럼없이 행동한다.

저희 한언인들은 위와 같은 사명과 비전을 항상 가슴 속에
간직하고 양질의 책을 만들기 위해 최선을 다하고 있습니다.
독자 여러분의 아낌없는 충고와 격려를 부탁드립니다.

- 한언가족 -

맥킨지의 변혁프로젝트, RCL 실행 WorkBook

2000년 6월 21일 1판 1쇄 박음 / 2000년 8월 5일 1판 2쇄 펴냄

지은이   존 R. 카젠바흐 & RCL팀
옮긴이   김원중 · 이창원 · 전은실
펴낸이   김 철 종
펴낸곳   한국언론자료간행회
등록번호 제1−128호 / 등록일자 1977. 9. 30

서울시 종로구 공평동 34−505 (우 110−160)
TEL : (대)723-3114, (편)732-3091~3
FAX : 723-3123 / E-Mail : kpip@channel i.net

잘못 만들어진 책은 구입하신 서점에서 바꾸어 드립니다.
ISBN 89-88798-48-1  04320
ISBN 89-88798-46-5(전2권)

책임편집 박흥택 / 디자인 김미영